블루체크의
코바늘 손뜨개 수업

블루체크의 코바늘 손뜨개 수업

송희정 지음

Prologue

코바늘과 실을 준비해볼까요?

코바늘 손뜨개는 기본 뜨기만 익히면 다양한 소품들을 만들 수 있어요.
코바늘이 어렵다고 생각하시는 분들이 많은데 그렇지 않아요.
실과 코바늘을 잡는 방법, 코의 모양, 첫코와 빼뜨기의 위치를 정확히 알면
누구나 쉽게 다양한 작품을 만들 수 있답니다.

처음부터 잘 뜨는 사람은 없어요. 편물을 많이 떠보는 것이 중요하죠.
연습을 많이 해야 편물이 고르게 나오기 때문이에요.

코바늘 손뜨개는 마무리하는 방법도 중요하지요.
편물을 뜨는 것만큼 실을 깔끔하게 숨기고,
스팀으로 편물의 모양을 잡아주는 것도요.

이 책은 실과 코바늘을 잡는 방법, 코의 모양, 첫코와 빼뜨기의 위치,
마무리 하는 방법 등 초보자들이 궁금해할만한 내용을 기초 클래스에 가득 담았어요.
또한 소품 클래스에서 easy, normal, hard 3단계로 나눠
소품 뜨기를 소개했어요.

쉬운 작품부터 차근차근 뜨고 실력을 쌓아 어려운 작품에도 도전해보세요.
예쁘고 실용적인 작품 위주로 구성했고, 다양한 실들을 사용했답니다.
이 책을 통해 많은 초보자 분들이 코바늘 손뜨개의 매력에 빠졌으면 좋겠네요.

그리고 이 책을 쓰면서 감사한 분들이 참 많아요.
우선, 과정 사진을 열심히 찍어준 우리 신랑 오케이맨 재철씨,
책을 쓰는 동안 많이 챙겨주지 못해 미안한 우리 아들이자 자유로운 영혼의 소유자 원준이,
그리고 엄마, 아빠 사랑하고 늘 고맙고 감사합니다.

옆에 있어주는 것만으로도 힘이 되어주는 우리 Forever Knot Crew 멤버들 엘리즈 언니,
도로시 언니, 꼬북, 바니바니 너무 고맙고, 자주 만나지 못하는 언니 같은 동생 꼬미도 고맙고,
작품설명에 도움 많이 주신 메이리 언니, 작품을 예쁜 도안으로 재탄생시켜준 사탕가루 작가님,
멋진 완성 사진을 찍어주신 홍지은 실장님, 작품이 돋보이게 디자인해주신 이세래나 과장님께도
감사의 인사를 전합니다.

블루체크
송희정

Prologue ··· 4

PART 1
코바늘 손뜨개 기초 클래스

코바늘 손뜨개 준비하기 ··· 10

도구와 재료 I 코바늘 기호 I 코바늘뜨기 기초 용어 I 기초코에서 코줍는 방법 I
게이지와 도안 보는 방법 I 실 거는 방법 I 코바늘 잡는 방법 I 모티브 원형코 만드는 방법

기초 손뜨개 익혀두기 ··· 28

사슬뜨기 I 빼뜨기 I 짧은뜨기로 평면뜨기 I 긴뜨기로 평면뜨기 I 한길긴뜨기로 평면뜨기 I 두길긴뜨기로 평면뜨기 I
짧은뜨기 2코 넣어뜨기 I 짧은뜨기 2코 모아뜨기 I 한길긴뜨기 2코 넣어뜨기 I 한길긴뜨기 2코 모아뜨기 I 짧은 이랑뜨기 I
되돌아 짧은뜨기 I 사슬 3코 피코 빼뜨기 I 스레드 끈 뜨는 방법 I 실 색상 바꾸는 방법 I 돗바늘에 실 끼우는 방법 I
남은 뜨개실 숨기는 방법 I 스팀다리미로 편물 정리하는 방법

코바늘 손뜨개 모티브 뜨기 ··· 58

원형 모티브 A I 원형 모티브 B I 원형 모티브 C I 사각 모티브 A I 사각 모티브 B I 타원형 모티브 I 직사각 모티브

코바늘 손뜨개 모티브 연결하기 ··· 98

돗바늘로 반코씩 감아 연결하는 방법 I 돗바늘로 한코씩 감아 연결하는 방법 I 짧은뜨기로 뜨면서 연결하는 방법 I
마지막 단을 뜨면서 짧은뜨기로 연결하는 방법

PART 2
코바늘 손뜨개 소품 클래스

easy … 114

티코스터

허니콤 멀티받침

미니 바구니

바구니

심플 타원형 러그

스툴 커버

보틀 커버

리본핀

솜사탕 수세미

허니콤 블랭킷

normal … 156

에코 클러치

미니 태슬

클라우드 네트백

버킷햇

버킷백

지그재그 코튼백

심플 숄

플래드 블랭킷

hard … 192

아이스크림 파우치 &
수박 파우치

리본 클러치

라피아 빅백

코나 쿠션

다이아몬드 블랭킷

PART 1

코바늘 손뜨개
기초 클래스

코바늘 손뜨개 준비하기

도구와 재료 | 코바늘 기호 | 코바늘뜨기 기초 용어 | 시작코에서 코줍는 방법 | 게이지와 도안 보는 방법 | 실 거는 방법 | 코바늘 잡는 방법 | 모티브 원형코 만드는 방법

도구와 재료

1 뜨개실

뜨개실은 주로 모, 울, 면, 린넨, 패브릭얀 등을 사용합니다. 모나 울은 겨울용으로 면이나 린넨은 여름용으로 주로 사용합니다.

2 모사용 코바늘

코바늘은 일반적으로 모사용 코바늘을 사용합니다. 모사용 코바늘은 2/0호부터 10/0호까지 있습니다. 호수가 클수록 바늘이 굵어지므로 실의 굵기에 맞춰 바늘을 사용합니다.

3 점보 코바늘

점보 코바늘은 7mm, 8mm, 10mm, 12mm, 15mm까지의 굵기가 있습니다. mm수가 클수록 바늘이 굵어집니다. 두꺼운 실이나 패브릭얀을 뜰 때 사용합니다.

4 돗바늘

뜨개바탕을 연결하거나, 실을 숨길 때, 자수를 놓을 때 사용합니다. 실의 굵기에 맞춰 돗바늘을 선택 사용합니다.

5 가위

실을 자를 때 사용합니다. 너무 크지 않은 10cm 정도의 적당한 크기의 가위를 선택하여 사용합니다.

6 줄자

뜨개바탕의 치수를 재는 데 사용합니다.

7 스티치마커

콧수나 단수를 표시할 때 사용하는 도구입니다. 코나 단에 걸어 사용합니다.

8 스팀다리미

뜨개바탕을 다 뜬 후 모양을 잡을 때 사용합니다.

코바늘 기호

사슬뜨기	⌒
빼뜨기	•̄ ·
짧은뜨기	×
긴뜨기	T
한길긴뜨기	ꓕ
두길긴뜨기	ꓕ
짧은뜨기 2코 넣어뜨기	⋎
짧은뜨기 3코 넣어뜨기	⋎
한길긴뜨기 2코 넣어뜨기	V
한길긴뜨기 2코 모아뜨기	A
한길긴뜨기 3코 넣어뜨기	W
한길긴뜨기 3코 모아뜨기	A
앞반코에 한길긴뜨기 5코 넣어뜨기	⋎
되돌아 짧은뜨기	⋈
짧은 이랑뜨기	×
겹짧은뜨기	⋏
사슬 3코 피코 빼뜨기	⟲
앞반코에 빼뜨기	⌣

Part 1 • 코바늘 손뜨개 기초 클래스

코바늘뜨기 기초 용어

● **시작코(사슬코)**

● **코의 머리와 다리**

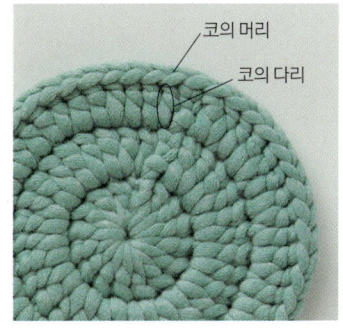

뜨개바탕을 뜰 때 기본이 되는 사슬 모양의 코입니다. 평면으로 뜰 때는 사슬 모양의 시작코를 떠서 시작합니다.

뜨개코 위 사슬 모양의 실 2가닥(V모양)을 코의 머리라고 합니다. 다음 단에서 뜨개코를 뜰 때 머리 실 2가닥(V모양)에 바늘을 넣어 뜹니다. 코의 머리 아래 부분을 코의 다리라고 합니다.

● **코산(콧등)**

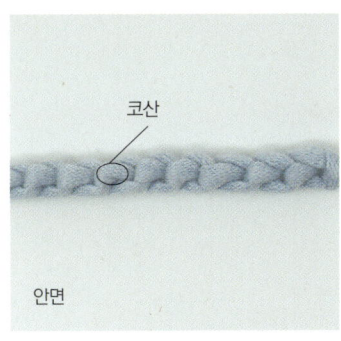
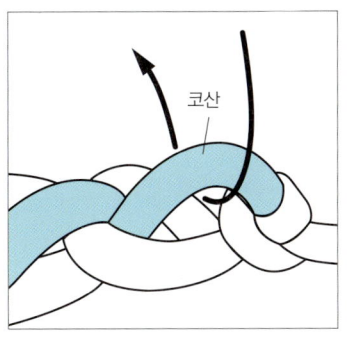
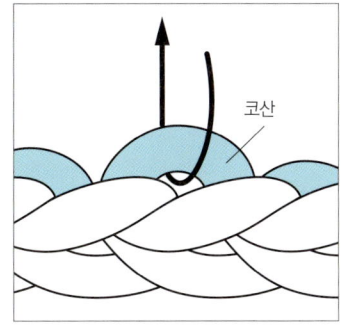

시작코(사슬코)의 안면 중심에 볼록 튀어나온 모양을 코산이라고 합니다.

● 반코와 코산(콧등)

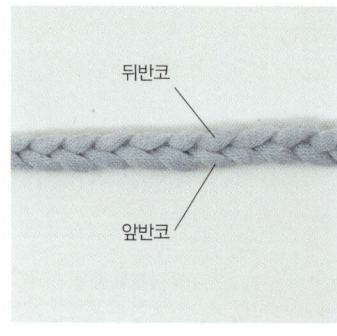
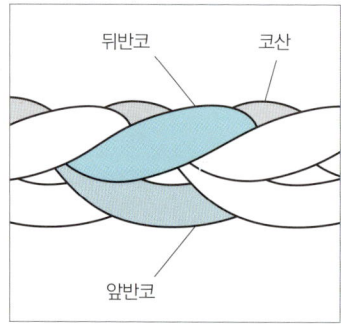

코의 머리 중 위쪽 실 한 가닥을 반코라고 부릅니다.

● 미완성코

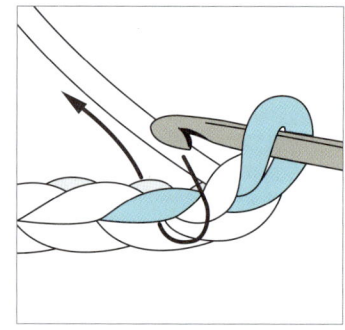
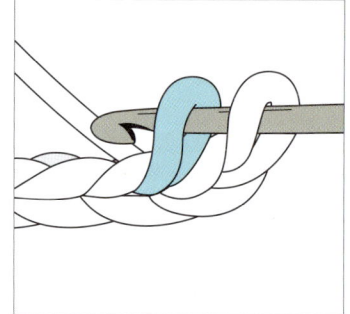

뜨개코의 마지막 작업을 하기 전 상태를 말합니다. 코를 줄이거나 실을 바꿀 때 사용합니다.

● 코의 높이

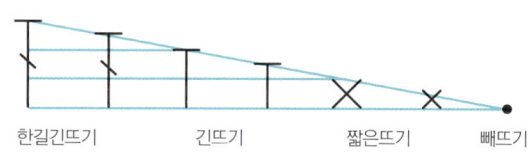

뜨개법에 따라 코의 높이가 달라집니다. 두길긴뜨기가 가장 높고, 빼뜨기가 가장 낮습니다.
빼뜨기 0 〈 짧은뜨기 1 〈 긴뜨기 2 〈 한길긴뜨기 3 〈 두길긴뜨기 4

● 기둥코

짧은뜨기=사슬 1코(기둥코)

빼뜨기

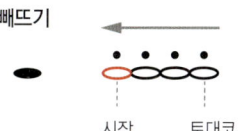

긴뜨기=사슬 2코(기둥코)

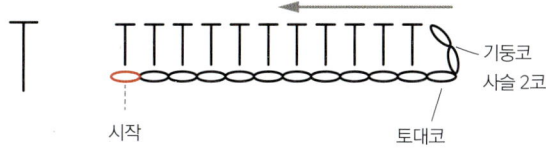

한길긴뜨기=사슬 3코(기둥코)

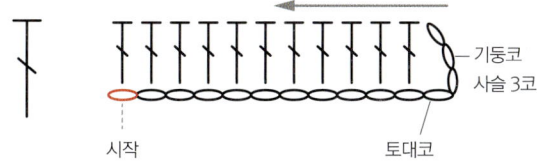

두길긴뜨기=사슬 4코(기둥코)

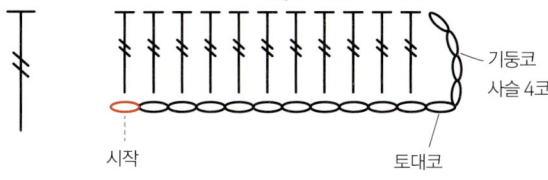

기둥코는 뜨개질을 처음 시작할 때 뜨는 사슬코입니다. 뜨개바탕을 뜨기 시작할 때 시작코를 뜬 후 그다음 뜨개코를 뜨기 위해서는 사슬코로 기둥을 세워야 합니다. 기둥코가 없이는 처음부터 뜨개코(짧은뜨기, 긴뜨기, 한길긴뜨기 등)를 뜰 수 없습니다. 때문에 해당 기호의 높이만큼 사슬코를 떠서 기둥코를 만들어줍니다. 짧은뜨기는 사슬 1코를 기둥코로 뜨고, 작아서 콧수를 세지 않습니다. 빼뜨기는 높이가 없어 기둥코가 없습니다. 긴뜨기부터 기둥코를 1코로 셉니다. 기둥코는 몇 코를 뜨더라도 1코로 셉니다.

시작코에서 코줍는 방법

● 코산에서 코줍기

  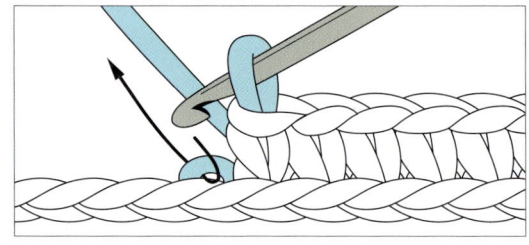

짧은뜨기나 한길긴뜨기처럼 사슬코 전체에 뜨개코를 뜰 때 사용합니다.
가장 기본적인 방법으로 테두리가 사슬 모양으로 동일합니다.

● 반코에서 코줍기

 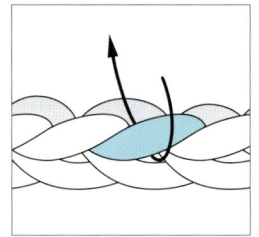 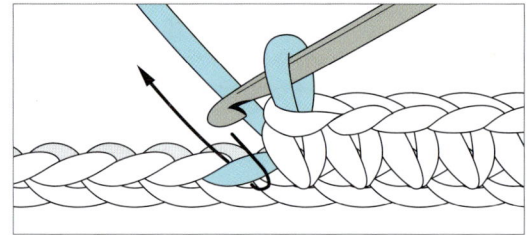

사슬코의 반코에 바늘을 넣어서 뜨기 쉽지만, 실 1가닥에 넣어서 뜨기 때문에 늘어짐이 있습니다. 시작코의 양쪽으로 코를 주울 때 주로 사용합니다.

● 반코와 코산 2가닥에서 코줍기

 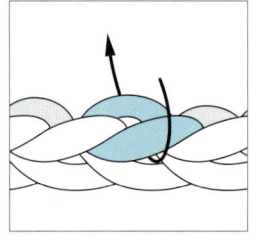 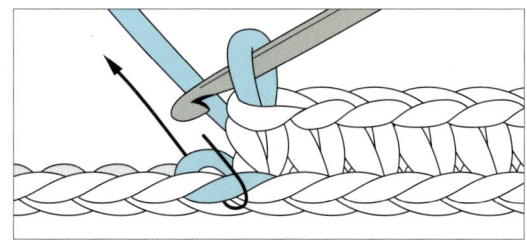

사슬코의 반코와 코산에 바늘을 넣어 뜹니다. 구멍무늬를 뜰 때 사용합니다. 바늘을 넣어 뜰 때 2가닥인지 주의하면서 뜹니다.
실 2가닥에 넣어서 뜨기 때문에 뜨개바탕이 안정적입니다.

게이지와 도안 보는 방법

● 게이지 내기

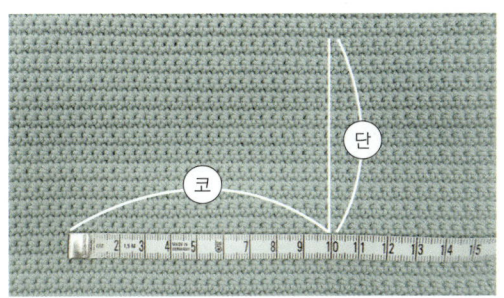

이 책에 소개된 작품과 동일한 사이즈로 소품을 뜨고 싶다면 반드시 게이지를 내야 합니다. 먼저 가로세로 15cm의 뜨개바탕을 떠서 10cm 안에 들어 있는 콧수와 단수를 셉니다. 게이지가 동일하지 않을 때에는 바늘을 바꿔서 조정합니다. 게이지보다 콧수가 많아 쫀쫀할 경우에는 1호 굵은 바늘로 뜹니다. 게이지보다 콧수가 적어 느슨할 경우에는 1호 가는 바늘로 떠서 게이지를 맞춰줍니다. 단수는 cm에 맞게 조정 가능합니다.

● 도안 보는 방법

코바늘 도안은 보통 일본식 기호로 표기되어 있습니다. 도안에는 뜨개바탕의 겉면이 그려져 있습니다. 평면뜨기(왕복뜨기-겉면과 안면을 번갈아 뜨는 방법)일 경우에는 뜨개바탕의 겉면은 오른쪽에서 왼쪽으로 뜨고, 뜨개바탕을 오른쪽 방향으로 돌려 안면이 나오면 오른쪽에서 왼쪽으로 뜹니다. 원통뜨기는 시작코를 원으로 만들어 연결하고 오른쪽에서 왼쪽으로 뜹니다. 원형뜨기는 중심에서 시작하여 오른쪽에서 왼쪽(시계 반대 방향)으로 뜹니다.

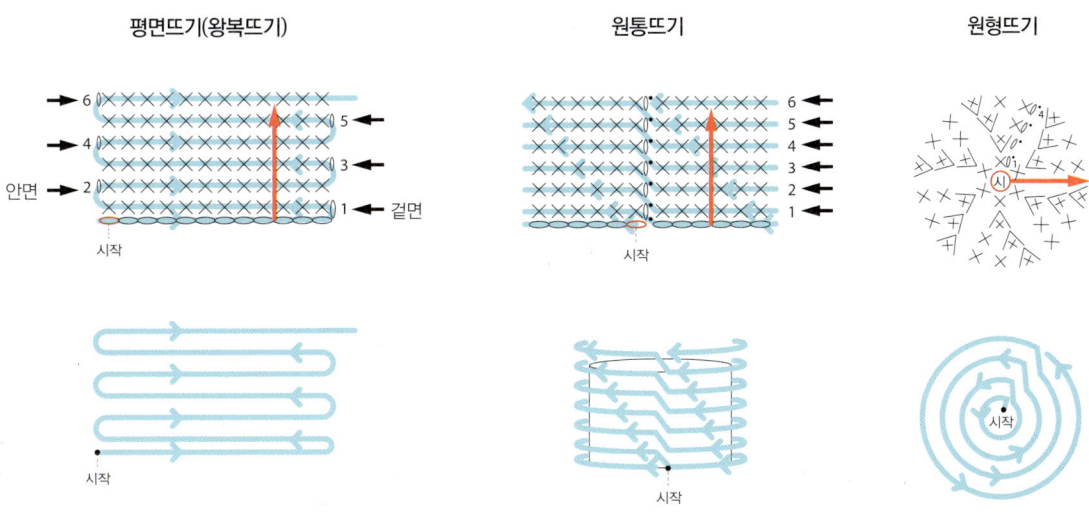

실 거는 방법

● **실 거는 방법1**

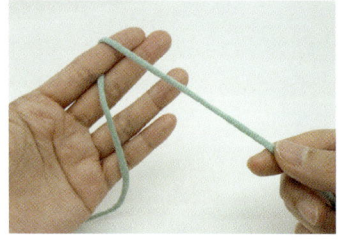 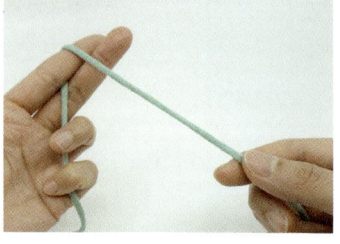 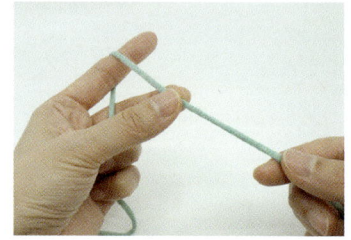

1 실 끝에서 10cm 정도 여유 있게 실을 잡고 검지에 실을 걸어줍니다.

2 약지와 소지로 실을 살짝 잡습니다.

3 엄지와 중지로 실 끝을 잡습니다.

● **실 거는 방법2**

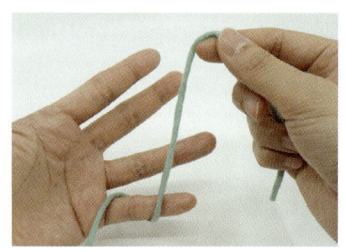 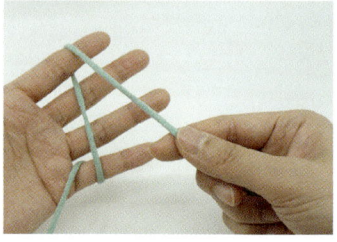 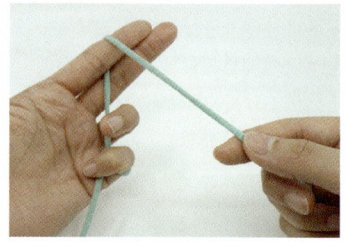

1 실 끝에서 10cm 정도 여유 있게 실을 잡고 소지에 실을 감아줍니다.
POINT 가는 실이나 미끄러운 실은 소지에 감아주면 뜨기 편합니다.

2 검지에 실을 걸어줍니다.

3 약지와 소지로 실을 살짝 잡습니다.

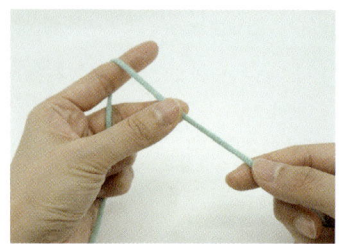

4 엄지와 중지로 실 끝을 잡습니다.

코바늘 잡는 방법

● 코바늘 잡는 방법1-펜슬 그립

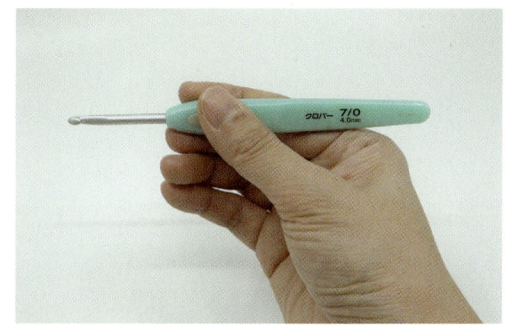

연필을 잡듯이 바늘을 잡는 방법입니다. 오른손의 엄지와 검지로 바늘을 잡고 중지로 받쳐줍니다(왼손잡이일 경우 반대로). 코바늘의 바늘귀는 항상 아래를 향해야 합니다. 손목을 이용해서 뜹니다.

● 코바늘 잡는 방법2-나이프 그립

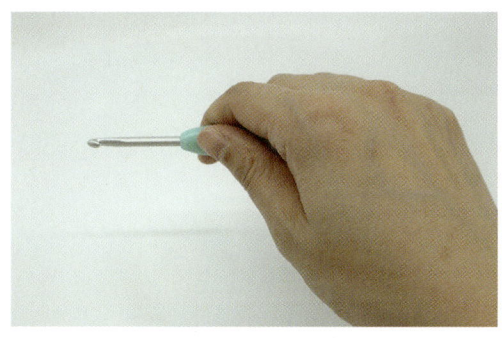

나이프를 잡듯이 바늘을 잡는 방법입니다. 오른손의 엄지와 검지로 바늘을 움켜잡습니다(왼손잡이일 경우 반대로). 코바늘의 바늘귀는 항상 아래를 향해야 합니다. 나이프 그립은 두꺼운 실이나 패브릭얀 사용 시 손목에 무리가 가지 않고 편하게 뜰 수 있습니다.

모티브 원형코 만드는 방법

모티브를 뜨기 위해 원형코를 만듭니다. 원형코를 만드는 방법은 두 가지가 있습니다.
하나는 손가락에 실을 감아 만드는 매직링, 다른 하나는 사슬뜨기로 원을 만드는 방법입니다.
손가락에 실을 감아 원형코를 만들면 중심이 조여지고, 사슬뜨기로
원형코를 만들면 중심에 구멍이 생깁니다.

● 손가락 원형코 만들기 (매직링)

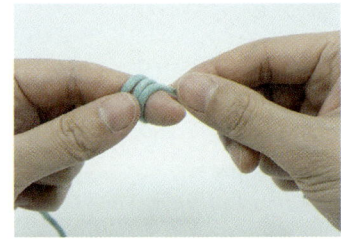 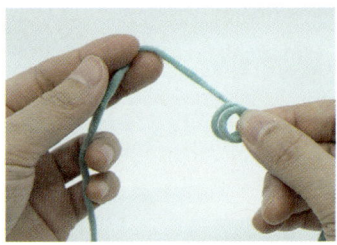 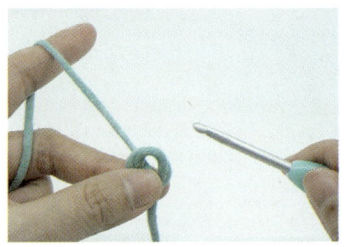

1 검지에 실을 2번 감아 고리를 만듭니다. 실이 꼬이지 않게 나란히 감습니다.

2 검지에서 고리를 그대로 빼내고 실이 흐트러지지 않게 오른손으로 잘 잡습니다.

3 왼손 검지에 실을 걸고, 엄지와 중지로 고리를 잡아 뜰 준비를 합니다.

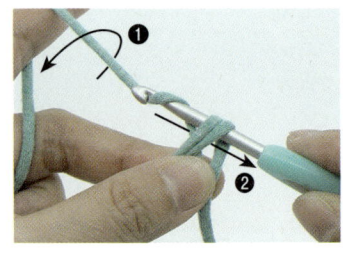 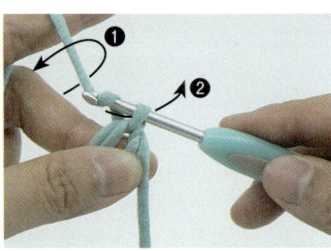 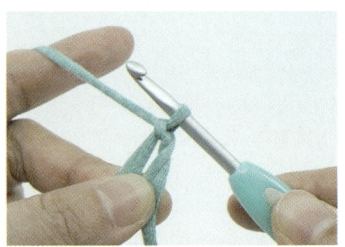

4 원형코에 바늘을 넣고 실을 걸어 화살표 방향으로 빼냅니다.

5 다시 바늘에 실을 걸어 빼냅니다.

6 원형코가 완성되었습니다.
POINT 이 코는 콧수로 세지 않습니다.

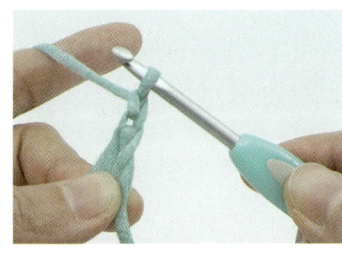

7 기둥코로 사슬뜨기 1코를 뜹니다.
POINT 짧은뜨기의 기둥코는 콧수로 세지 않습니다.

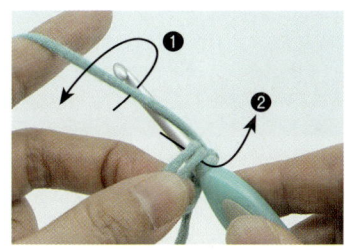

8 원형코에 바늘을 넣고 실을 걸어 화살표 방향으로 사슬 1코 높이만큼 빼냅니다.

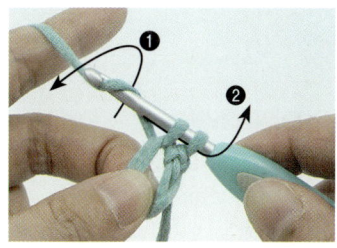

9 다시 바늘에 실을 걸어 2개의 고리로 한번에 빼냅니다.

10 짧은뜨기 1코가 완성되었습니다.

11 스티치마커를 첫 번째 코의 머리(V 모양) 2가닥에 걸어 첫코를 표시합니다.

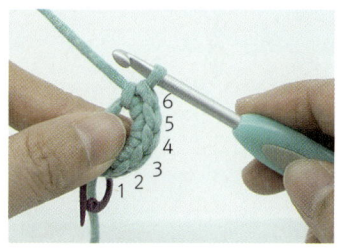

12 과정 8~9번을 반복해서 짧은뜨기 6코를 뜹니다.

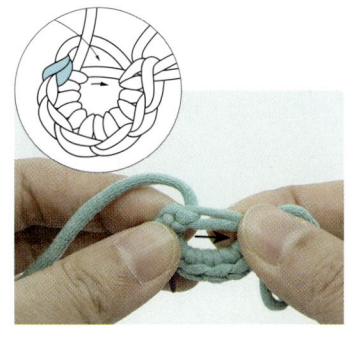

13 실 끝을 잡고 살짝 당기면 움직이는 실이 있습니다. 움직이는 실을 화살표 방향으로 잡아 당겨 고리 하나를 조여줍니다.

14 실 끝을 아래로 당겨 나머지 고리도 조여줍니다.

15 원형코가 조여졌습니다. 6코인지 확인합니다.

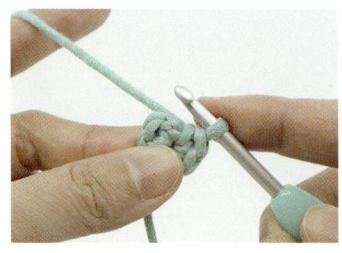

16 첫 번째 코에 걸어두었던 스티치마커를 제거합니다.

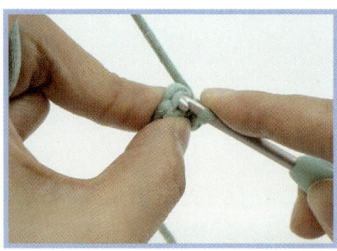

17 첫 번째 코의 머리(V모양) 2가닥에 바늘을 넣고

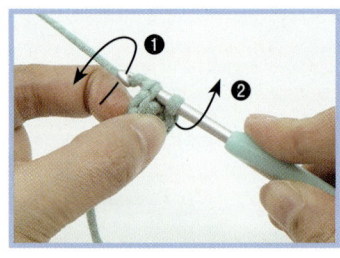

18 실을 걸어 한번에 빼냅니다(빼뜨기).

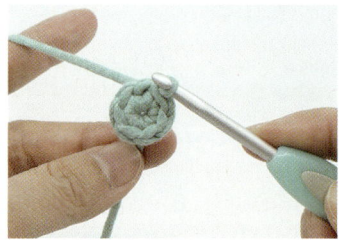

19 모티브 원형코 1단이 완성되었습니다.

● **사슬뜨기 원형코 만들기**

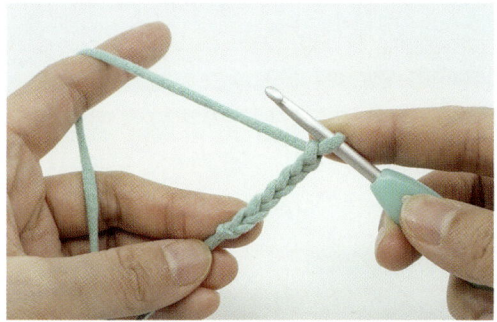

1   시작코로 사슬뜨기 6코를 뜹니다.

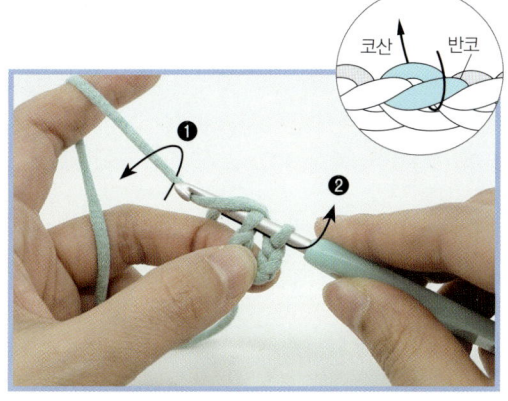
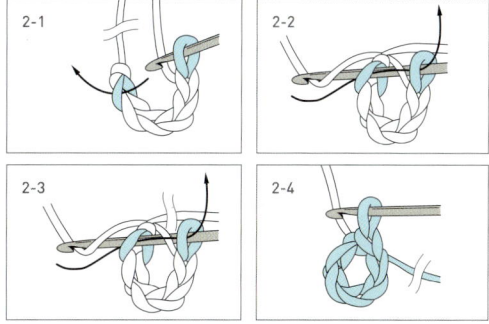

2   시작코 사슬뜨기 6코를 둥글게 말아 첫 번째 사슬반코와 코산 2가닥에 바늘을 넣고 실을 걸어 한번에 빼냅니다 (빼뜨기).

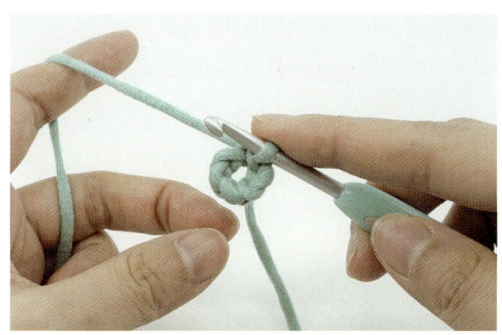
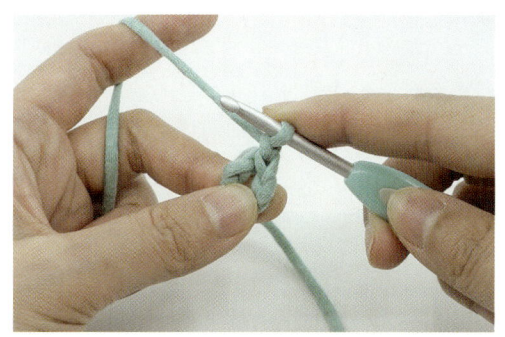

3   사슬뜨기 원형코가 완성되었습니다.

4   기둥코로 사슬뜨기 1코를 뜹니다.
POINT 짧은뜨기의 기둥코는 콧수로 세지 않습니다.

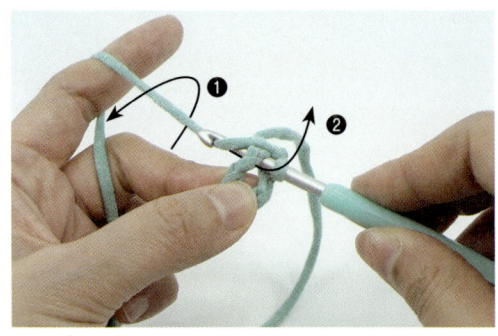

5 원형코에 바늘을 넣고 실을 걸어 화살표 방향으로 사슬 1코 높이만큼 빼냅니다.

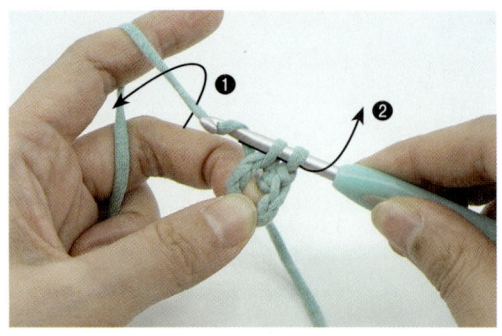

6 다시 실을 걸어 한번에 2개의 고리로 빼냅니다.

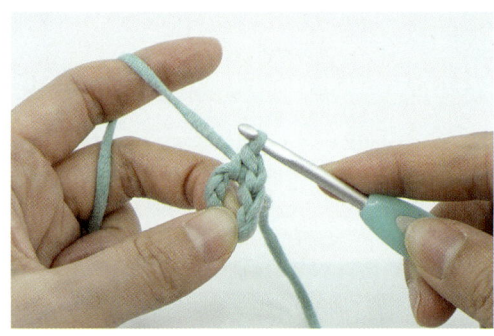

7 짧은뜨기 1코가 완성되었습니다.

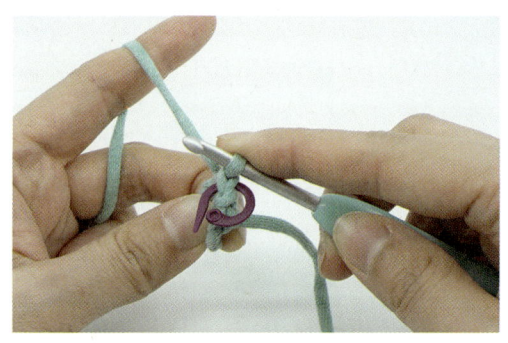

8 스티치마커를 첫 번째 코의 머리(V모양) 2가닥에 걸어 첫코를 표시합니다.

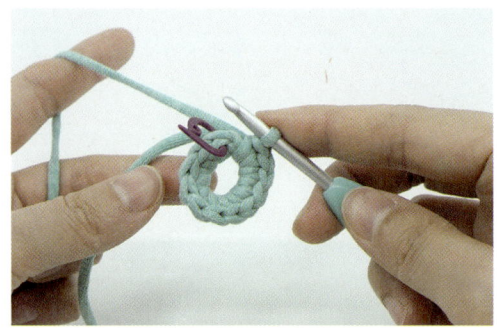

9 과정 5~6번을 반복해서 짧은뜨기 12코를 뜹니다.

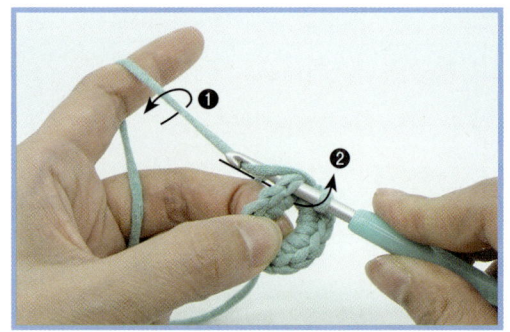

10 첫 번째 코에 걸어두었던 스티치마커를 제거하고, 첫 번째 코의 머리(V모양) 2가닥에 바늘을 넣고 실을 걸어 한 번에 빼냅니다(빼뜨기).

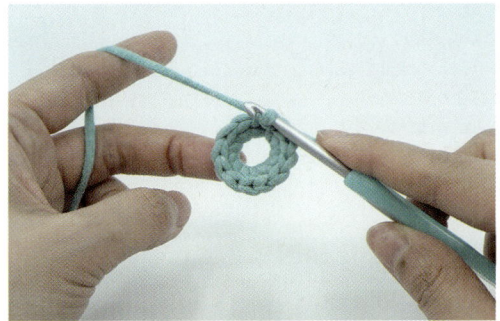

11 사슬뜨기 원형코 1단이 완성되었습니다.

기초 손뜨개 익혀두기

사슬뜨기 | 빼뜨기 | 짧은뜨기로 평면뜨기 | 긴뜨기로 평면뜨기 | 한길긴뜨기로 평면뜨기 | 두길긴뜨기로 평면뜨기 | 짧은뜨기 2코 넣어뜨기 | 짧은뜨기 2코 모아뜨기 | 한길긴뜨기 2코 넣어뜨기 | 한길긴뜨기 2코 모아뜨기 | 짧은 이랑뜨기 | 되돌아 짧은뜨기 | 사슬 3코 피코 빼뜨기 | 스레드 끈 뜨는 방법 | 실 색상 바꾸는 방법 | 돗바늘에 실 끼우는 방법 | 남은 뜨개실 숨기는 방법 | 스팀다리미로 뜨개바탕 정리하는 방법

사슬뜨기

코바늘뜨기의 가장 기초가 되는 사슬뜨기입니다.
사슬을 떠서 시작코를 만들거나 기둥코로 사용합니다.
시작코는 뜨개바탕을 뜨는 콧수보다 느슨하게 뜨거나 1호 굵은 바늘로 뜹니다.

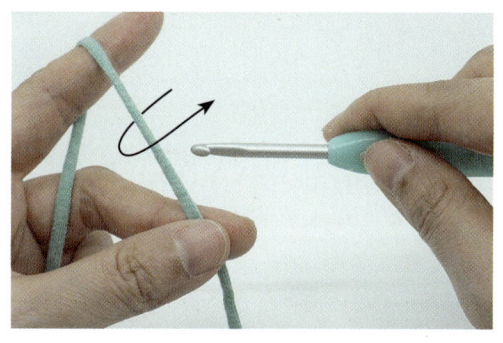

1 바늘을 실 뒤쪽에 대고 화살표 방향(시계 반대 방향)으로 돌립니다.

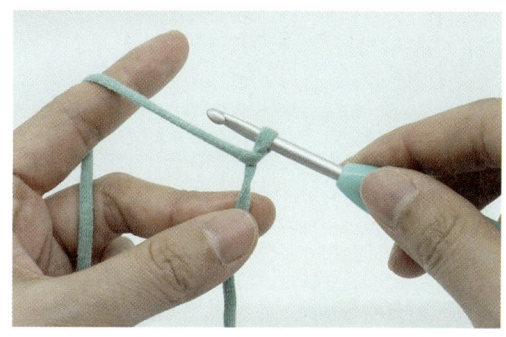

2 바늘에 실이 감겨 있습니다.

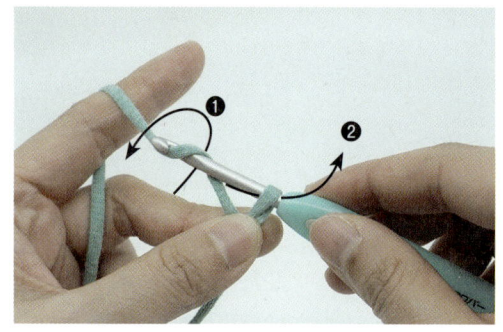

3 감겨 있는 실의 교차점을 엄지와 중지로 잡고, 화살표 방향으로 실을 걸어 빼냅니다.

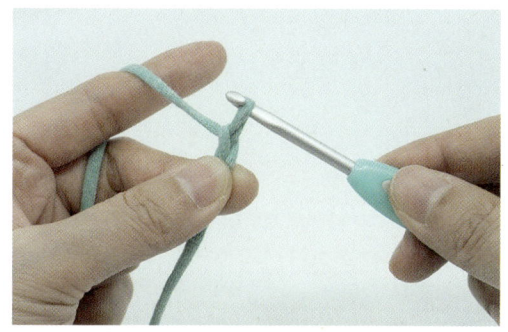

4 시작코의 첫코가 완성되었습니다.
POINT 이 코는 콧수로 세지 않습니다.

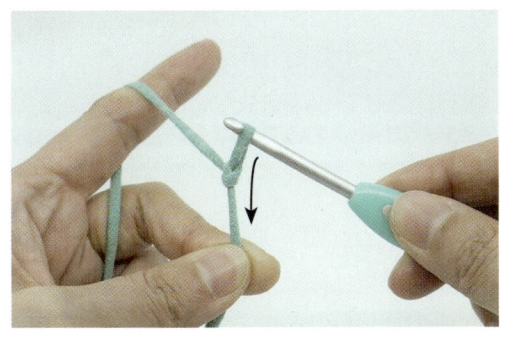

5 실 끝을 아래로 당겨 조여줍니다.
POINT 시작코는 콧수로 세지 않습니다. 다음 코부터 콧수에 포함합니다.

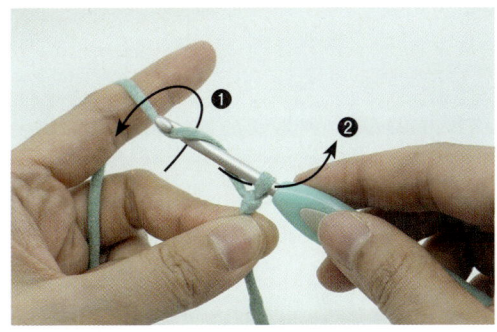

6 바늘에 실을 걸어 화살표 방향으로 빼냅니다.

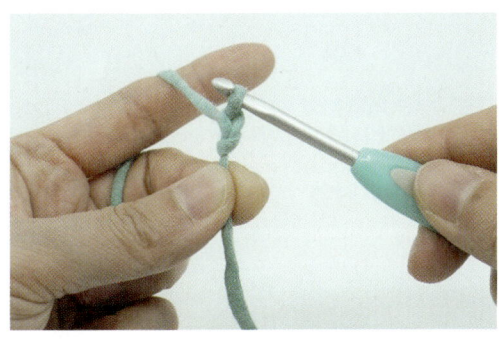

7 사슬뜨기 1코가 완성되었습니다.

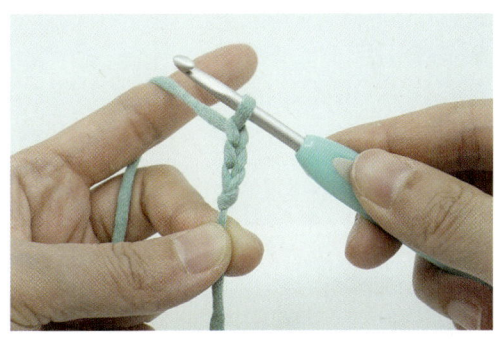

8 계속해서 필요한 콧수만큼 사슬뜨기를 합니다. 사슬코의 개수가 많아지면 엄지와 중지를 위쪽으로 옮겨 잡고 뜹니다. 코의 모양이 일정하게 나오도록 주의하면서 뜹니다.

● **손가락으로 시작코 만들기**

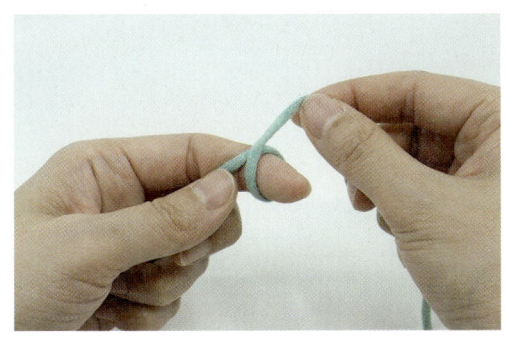

1 검지에 실을 1번 감아 고리를 만들고 고리 사이로 실을 통과시켜줍니다.

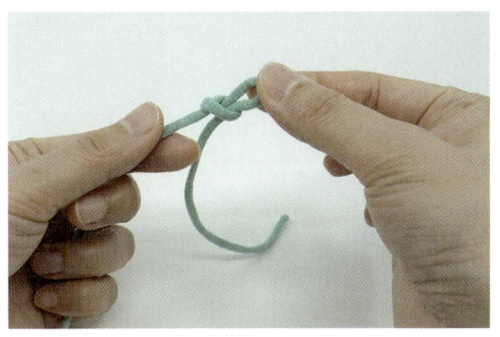

2 고리가 만들어졌습니다.

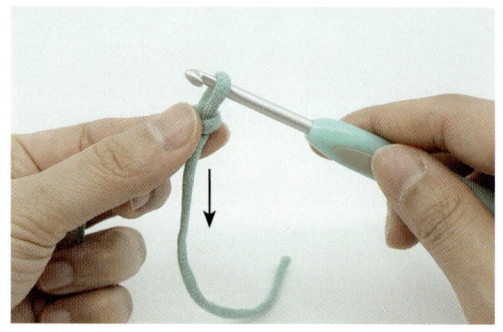

3 고리에 바늘을 넣어 실 끝을 당겨 조여줍니다.
   POINT 뒤에서 앞으로 바늘을 넣어줍니다.

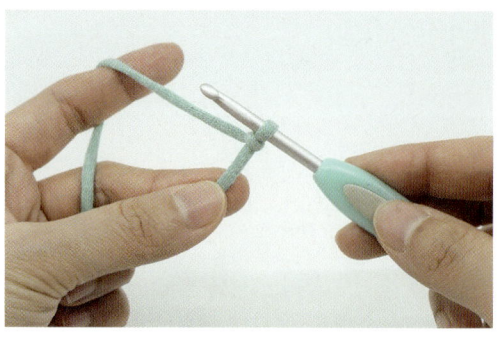

4 시작코가 완성되었습니다.
   POINT 이 코는 콧수로 세지 않습니다.

● 사슬뜨기 겉면, 안면, 옆면

사슬뜨기(겉면)
사슬 모양으로 이루어져 있습니다.

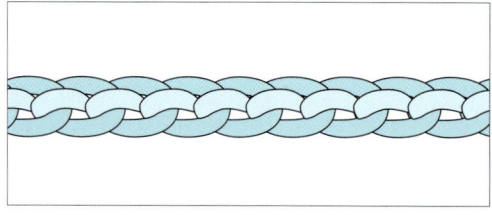

사슬뜨기(안면)
중심에 볼록 튀어나온 부분이 코산입니다.

사슬뜨기(옆면)
사슬 모양과 코산으로 이루어져 있습니다.

빼뜨기

빼뜨기는 높이가 없어 사슬을 뜨지 않습니다. 첫코와 마지막 코를 연결하거나 시작점을 이동할 때, 테두리를 마무리할 때 사용합니다.

1   시작코로 사슬뜨기 10코를 뜹니다.

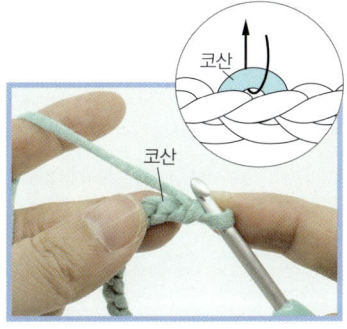

2   두 번째 사슬에서 코산의 위치를 확인합니다.

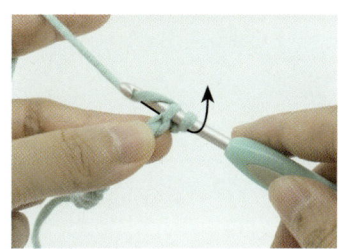

3   코산에 바늘을 넣고 실을 걸어 화살표 방향으로 한번에 빼냅니다.

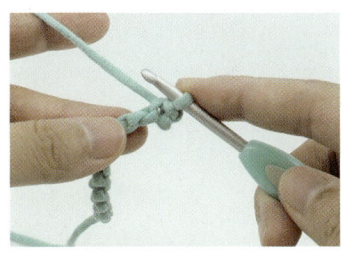

4   빼뜨기 1코가 완성되었습니다.

5   마지막 코까지 빼뜨기를 합니다.

짧은뜨기로 평면뜨기(왕복뜨기)

×

짧은뜨기는 사슬 1코의 높이와 같습니다.
짧은뜨기로 뜬 뜨개바탕은 촘촘하고 단단합니다.

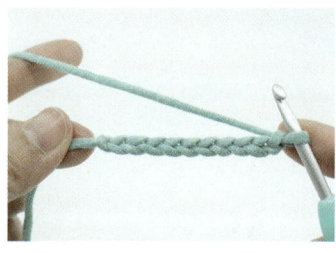

1 시작코로 사슬뜨기 10코를 뜹니다.

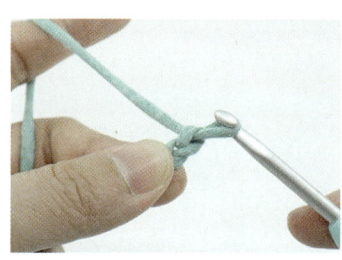

2 기둥코로 사슬뜨기 1코를 뜹니다.
POINT 짧은뜨기의 기둥코는 콧수로 세지 않습니다.

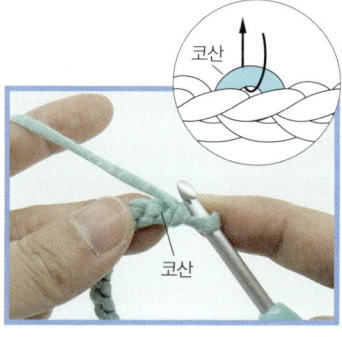

3 두 번째 사슬에서 코산의 위치를 확인합니다.

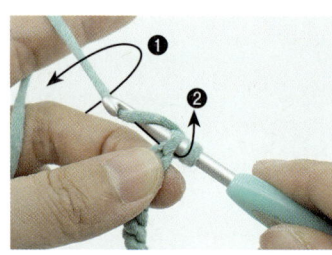

4 코산에 바늘을 넣고 실을 걸어 화살표 방향으로 사슬 1코 높이만큼 빼냅니다.

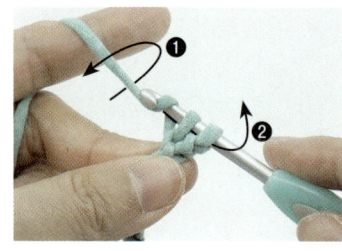

5 다시 바늘에 실을 걸어 2개의 고리로 한번에 빼냅니다.

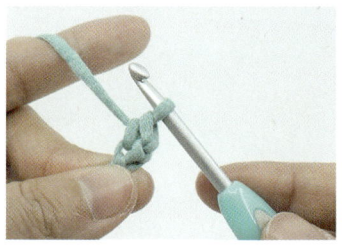

6 짧은뜨기 1코가 완성되었습니다. 코의 머리(V모양) 2가닥에 스티치마커를 걸어 첫코를 표시합니다.

7 마지막 사슬코(시작코)까지 코산에 짧은뜨기를 뜹니다. 1단이 완성되었습니다. 10코인지 확인합니다.

8 2단 기둥코로 사슬뜨기 1코를 뜹니다. 뜨개바탕을 오른쪽 방향으로 돌립니다.
POINT 짧은뜨기의 기둥코는 콧수로 세지 않습니다.

9 뜨는 실이 앞에 있는지 확인합니다.
POINT 뜨개바탕을 반대로 돌렸을 경우 뜨개실이 뒤에 있습니다.

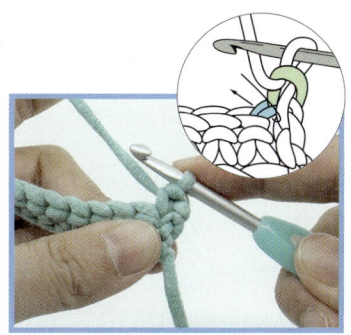 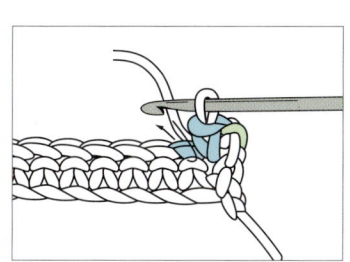

10 첫 번째 코의 머리(V모양) 2가닥에 바늘을 넣고 짧은뜨기를 1코 뜹니다.

11 마지막 코 전까지 코마다 1코씩 짧은뜨기를 뜹니다.

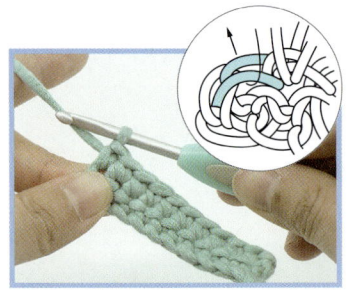 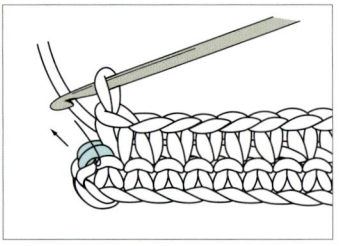 

12 마지막 코에 걸려 있는 스티치마커를 제거하고 그 코에 짧은뜨기를 1코 뜹니다. 2단이 완성되었습니다. 10코인지 확인합니다.

13 짧은뜨기로 평면뜨기(왕복뜨기)가 완성되었습니다.

4

긴뜨기로 평면뜨기(왕복뜨기)

긴뜨기는 사슬 2코의 높이와 같습니다.
사선이나 곡선을 뜰 때 사용합니다.
코의 높이는 짧은뜨기보다 높고 한길긴뜨기보다 짧습니다.

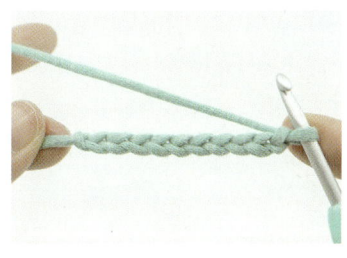

1 시작코로 사슬뜨기 10코를 뜹니다.

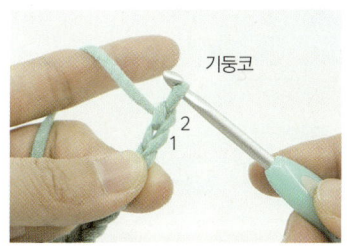

2 기둥코로 사슬뜨기 2코를 뜹니다.
POINT 긴뜨기의 기둥코는 1코로 셉니다.

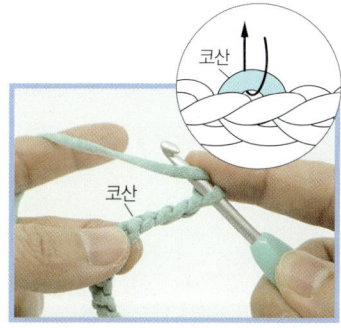

3 네 번째 사슬에서 코산의 위치를 확인합니다.

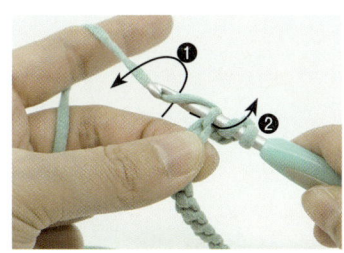

4 코산에 바늘을 넣고 실을 걸어 화살표 방향으로 사슬 2코 높이만큼 실을 빼냅니다.

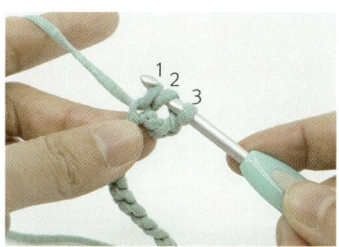

5 바늘에 3개의 고리가 걸려 있습니다.

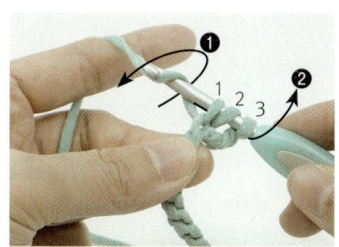

6 바늘에 실을 걸어 3개의 고리로 한번에 빼냅니다.

7 긴뜨기 1코가 완성되었습니다.

8 기둥코(사슬 2코)의 두 번째 사슬반코와 코산에 스티치마커를 걸어 첫 코를 표시합니다.

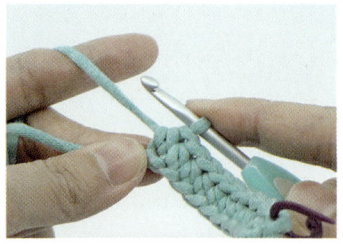

9 마지막 사슬코(시작코)까지 코산에 긴뜨기를 뜹니다. 1단이 완성되었습니다. 10코인지 확인합니다.

10 2단 기둥코로 사슬뜨기 2코를 뜹니다. 뜨개바탕을 오른쪽 방향으로 돌립니다.
POINT 긴뜨기 기둥코는 1코로 셉니다.

11 뜨개실이 앞에 있는지 확인합니다.
POINT 뜨개 바탕을 반대로 돌렸을 경우에 뜨개실이 뒤에 있습니다.

12 다음 코의 머리(V모양) 2가닥에 긴뜨기를 1코 뜹니다.

13 마지막 코 전까지 코마다 1코씩 긴뜨기를 뜹니다.

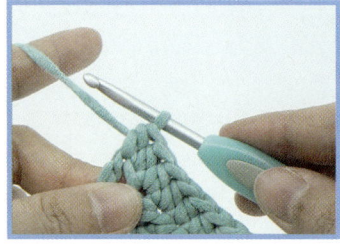

14 마지막 코에 걸려 있는 스티치마커를 제거하고 기둥코(사슬 2코)의 두 번째 사슬반코와 코산 2가닥에 바늘을 넣어 긴뜨기를 뜹니다. 2단이 완성되었습니다. 10코인지 확인합니다.

5

한길긴뜨기로 평면뜨기(왕복뜨기)

한길긴뜨기는 사슬 3코의 높이와 같습니다. 모티브나 블랭킷을 뜰 때 사용합니다.
코의 높이는 긴뜨기보다 높고 두길긴뜨기보다 짧습니다.

1   시작코로 사슬뜨기 10코를 뜹니다.

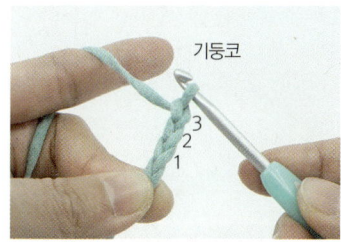

2   기둥코로 사슬뜨기 3코를 뜹니다.
POINT 한길긴뜨기의 기둥코는 1코로 셉니다.

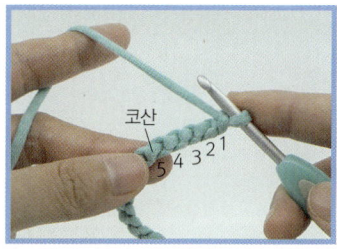

3   다섯 번째 사슬에서 코산의 위치를 확인하고, 바늘에 실을 걸어줍니다.

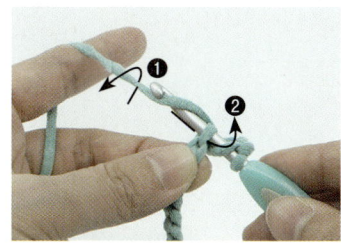

4   코산에 바늘을 넣고 실을 걸어 화살표 방향으로 사슬 2코 높이만큼 실을 빼냅니다.

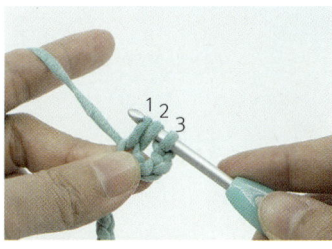

5   바늘에 3개의 고리가 걸려있습니다.

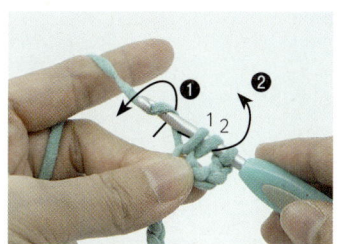

6   바늘에 실을 걸어 2개의 고리로 한번에 빼냅니다.

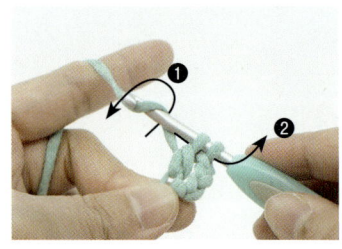

7 다시 바늘에 실을 걸어 2개의 고리로 한번에 빼냅니다.

8 한길긴뜨기 1코가 완성되었습니다.

9 기둥코(사슬 3코)의 세 번째 사슬반코와 코산에 스티치마커를 걸어 첫 코를 표시합니다.

10 마지막 사슬코(시작코)까지 코산에 한길긴뜨기를 뜹니다. 1단이 완성되었습니다. 총 10코인지 확인합니다.

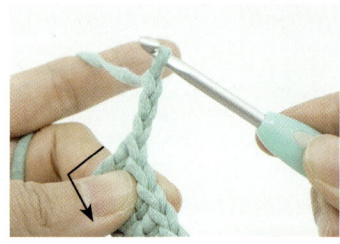

11 2단 기둥코로 사슬뜨기 3코를 뜹니다. 뜨개바탕을 오른쪽 방향으로 돌립니다.
POINT 한길긴뜨기의 기둥코는 1코로 셉니다.

12 뜨개실이 앞에 있는지 확인합니다.
POINT 뜨개바탕을 반대로 돌렸을 경우에 뜨개실이 뒤에 있습니다.

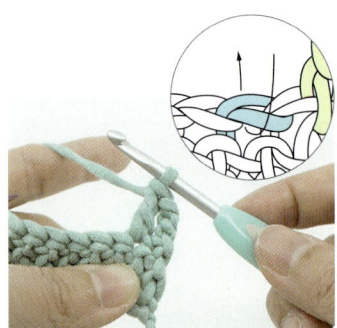
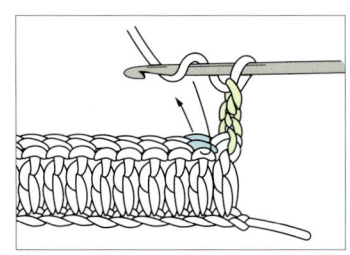

13 다음 코의 머리(V모양) 2가닥에 한길긴뜨기 1코를 뜹니다.

14 마지막 코 전까지 코마다 1코씩 한길 긴뜨기를 뜹니다.

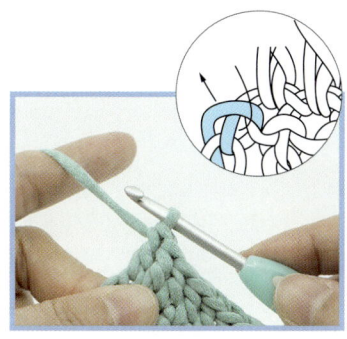 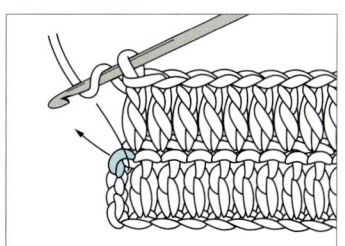

15 마지막 코에 걸려 있는 스티치마커를 제거하고 기둥코(사슬 3코)의 세 번째 사슬 반코와 코산 2가닥에 바늘을 넣어 한길긴뜨기를 뜹니다. 2단이 완성되었습니다. 총 10코인지 확인합니다.

6

두길긴뜨기로 평면뜨기(왕복뜨기)

두길긴뜨기는 사슬 4코의 높이와 같습니다. 사선이나 곡선,
높낮이가 다른 뜨개바탕을 뜰 때 사용합니다. 코의 높이는 한길긴뜨기보다 높고,
세길긴뜨기보다 짧습니다.

1 시작코로 사슬뜨기 10코를 뜹니다.

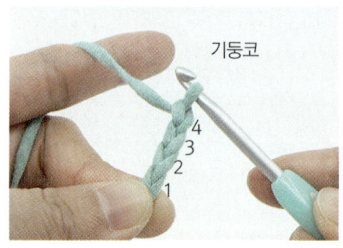

2 기둥코로 사슬뜨기 4코를 뜹니다.
POINT 두길긴뜨기의 기둥코는 1코로 셉니다.

3 여섯 번째 사슬코에서 코산의 위치를 확인하고, 바늘에 실을 2번 걸어 줍니다.

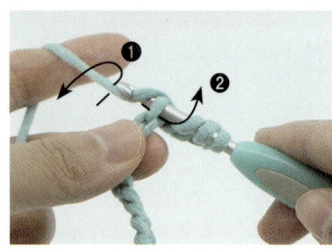

4 코산에 바늘을 넣고 실을 걸어 화살표 방향으로 사슬 2코 높이만큼 실을 빼냅니다.

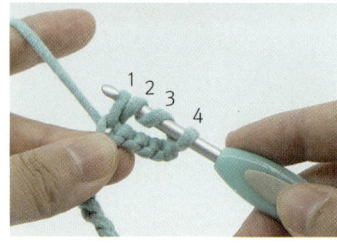

5 바늘에 4개의 고리가 걸려있습니다.

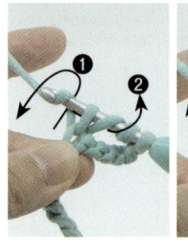

6 바늘에 실을 걸어 2개의 고리로 한번에 빼냅니다. 다시 바늘에 실을 걸어 2개의 고리로 한번에 빼냅니다.

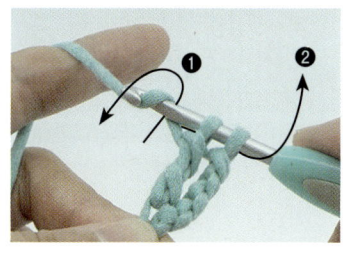

7 다시 바늘에 실을 걸어 2개의 고리로 한번에 빼냅니다.

8 두길긴뜨기 1코가 완성되었습니다.

9 기둥코(사슬 4코)의 네 번째 사슬반코와 코산에 스티치마커를 걸어 첫 코를 표시합니다.

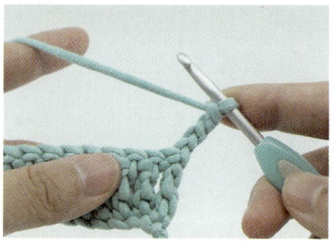

10 마지막 사슬코(시작코)까지 코산에 두길긴뜨기를 뜹니다. 1단이 완성되었습니다. 10코인지 확인합니다.

11 2단 기둥코로 사슬뜨기 4코를 뜹니다. **POINT** 뜨개바탕을 오른쪽 방향으로 돌려줍니다. 두길긴뜨기의 기둥코는 1코로 셉니다

12 뜨개실이 앞에 있는지 확인합니다. **POINT** 뜨개바탕을 반대로 돌렸을 경우 뜨개실이 뒤에 있습니다.

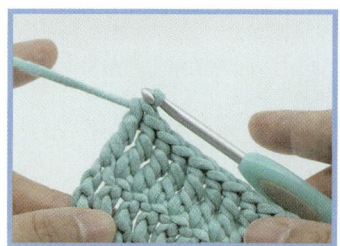

13 다음 코의 머리(V모양) 2가닥에 두길긴뜨기 1코를 뜹니다.

14 마지막 코 전까지 코마다 1코씩 두길긴뜨기를 뜹니다.

14 마지막 코에 걸려 있는 스티치마커를 제거하고 기둥코(사슬 4코)의 네 번째 사슬반코와 코산 2가닥에 바늘을 넣어 두길긴뜨기를 뜹니다. 2단이 완성되었습니다. 총 10코인지 확인합니다.

짧은뜨기 2코 넣어뜨기

짧은뜨기로 코를 늘릴 때 사용합니다.

 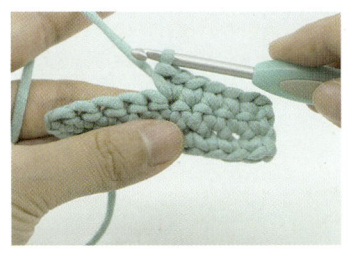 

1. 아랫단 코의 머리(V모양) 2가닥에 짧은뜨기 1코를 뜹니다.
2. 같은 코에 짧은뜨기 1코를 더 뜹니다.
3. 짧은뜨기 2코 넣어뜨기가 완성되었습니다.
   POINT 짧은뜨기 2코 넣어뜨기를 하면 1코가 늘어납니다.

짧은뜨기 2코 모아뜨기

짧은뜨기로 코를 줄일 때 사용합니다.

 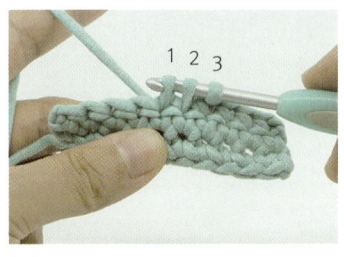 

1. 아랫단 코의 머리(V모양) 2가닥에 짧은뜨기 미완성코를 뜹니다.
2. 다음 코에도 짧은뜨기 미완성코를 뜹니다. 바늘에 3개의 고리가 걸려 있습니다.
3. 바늘에 실을 걸어 3개의 고리로 한번에 빼냅니다.

4 짧은뜨기 2코 모아뜨기가 완성되었습니다.

POINT 짧은뜨기 2코 모아뜨기를 하면 1코가 줄어듭니다.

한길긴뜨기 2코 넣어뜨기

한길긴뜨기로 코를 늘릴 때 사용합니다.

1 아랫단 코의 머리(V모양) 2가닥에 한길긴뜨기 1코를 뜹니다.

2 같은 코에 한길긴뜨기 1코를 더 뜹니다.

3 한길긴뜨기 2코 넣어뜨기가 완성되었습니다.

POINT 한길긴뜨기 2코 넣어뜨기를 하면 1코가 늘어납니다.

한길긴뜨기 2코 모아뜨기

한길긴뜨기로 코를 줄일 때 사용합니다.

  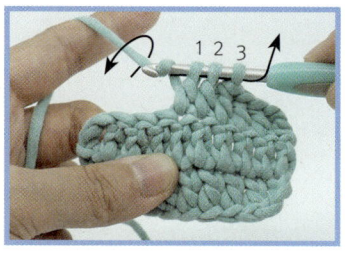

1. 아랫단 코의 머리에 한길긴뜨기 미완성코를 뜹니다.
2. 다음 코에도 한길긴뜨기 미완성코를 뜹니다. 바늘에 3개의 고리가 걸려 있습니다.
3. 바늘에 실을 걸어 3개의 고리로 한번에 빼냅니다.

4. 한길긴뜨기 2코 모아뜨기가 완성되었습니다.
   POINT 한길긴뜨기 2코 모아뜨기를 하면 1코가 줄어듭니다.

짧은 이랑뜨기

×

1 아랫단 코의 머리(V모양) 2가닥 중 뒤에 있는 반코에 바늘을 넣고

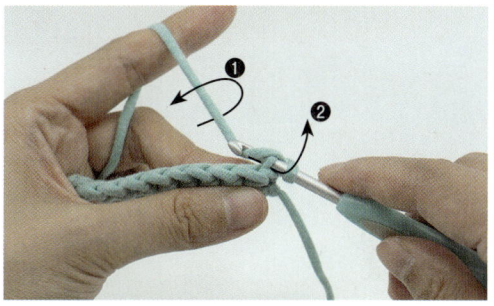

2 실을 걸어 화살표 방향으로 빼냅니다.

3 다시 바늘에 실을 걸어 한번에 빼냅니다.

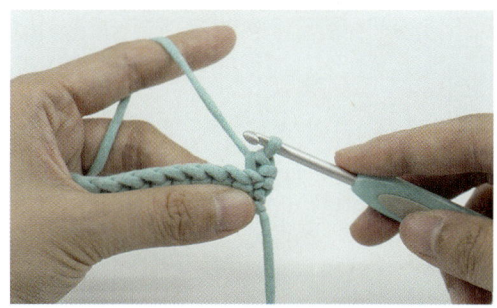

4 짧은 이랑뜨기 1코가 완성되었습니다.

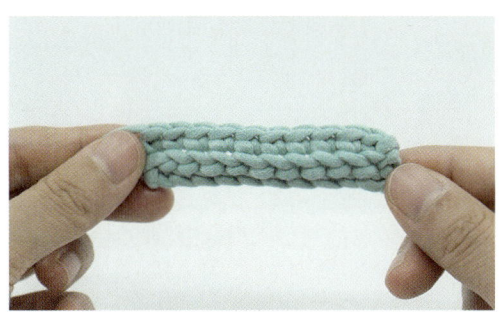

5 마지막 코까지 코의 머리(V모양) 뒤반코에 짧은 이랑뜨기를 뜹니다.

되돌아 짧은뜨기

✕

뜨개바탕의 테두리 무늬를 뜰 때 사용합니다.

 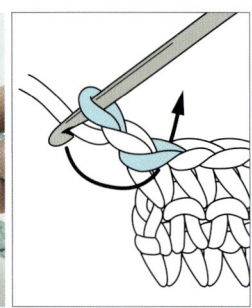

1 사슬뜨기 1코를 뜹니다.

 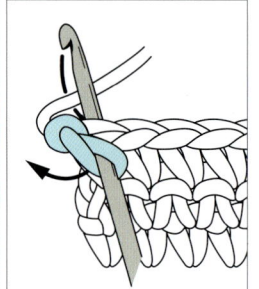

2 아랫단 코의 머리(V모양) 2가닥에 바늘을 넣고 실을 걸어 화살표 방향으로 빼냅니다.

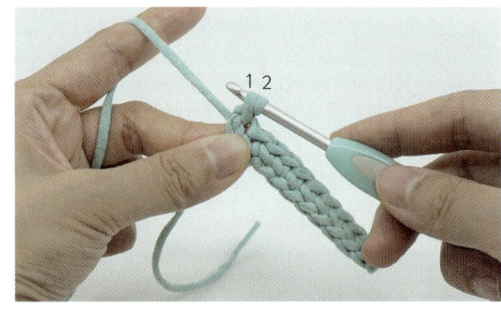

3 바늘에 2개의 고리가 걸려 있습니다.

 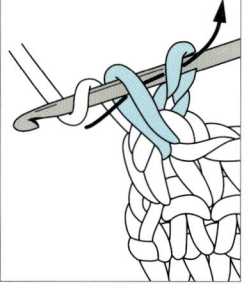

4 다시 바늘에 실을 걸어 2개의 고리로 한번에 빼냅니다.

5 되돌아 짧은뜨기 1코가 완성되었습니다.

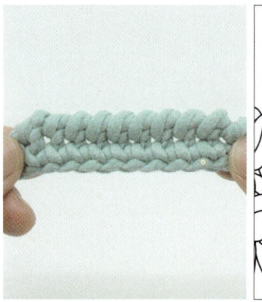 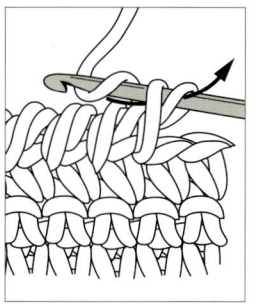

6 마지막 코까지 되돌아 짧은뜨기를 뜹니다.
POINT 왼쪽에서 오른쪽(시계 방향)으로 뜹니다.

사슬 3코 피코 빼뜨기

뜨개바탕의 테두리 무늬를 뜰 때 사용합니다.

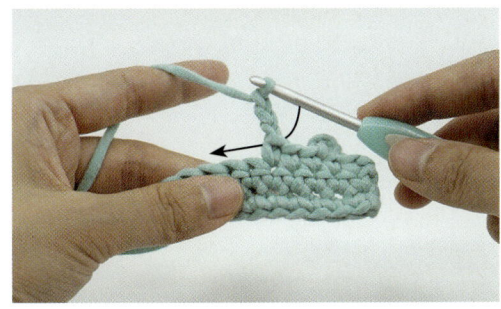

1 사슬뜨기 3코를 뜹니다.

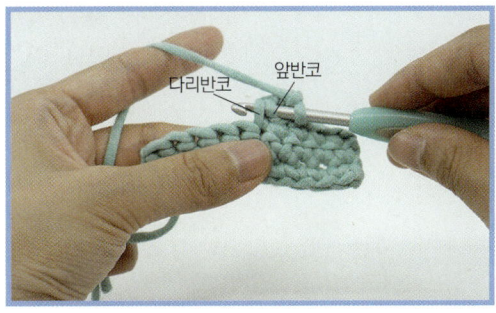

2 과정 1의 사진처럼 화살표와 같이 코의 머리(V모양) 앞반코와 다리반코 2가닥에 바늘을 대각선으로 넣고

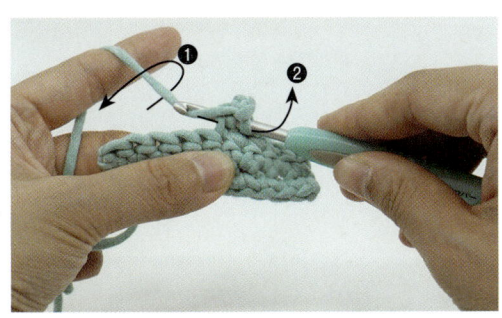

3 실을 걸어 화살표 방향으로 한번에 빼냅니다(빼뜨기).

4 사슬 3코 피코 빼뜨기가 완성되었습니다.

5 같은 간격으로 마지막 코까지 뜹니다.

스레드 끈 뜨는 방법

1 원하는 길이의 스레드 끈의 3배 반 정도 실을 남기고 고리(사슬뜨기)를 만들어줍니다.
   POINT 120cm의 끈을 만들 경우 420cm의 실을 남기고 고리를 만들어줍니다.

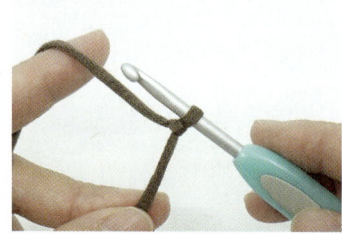

2 고리에 바늘을 넣어 조여줍니다.

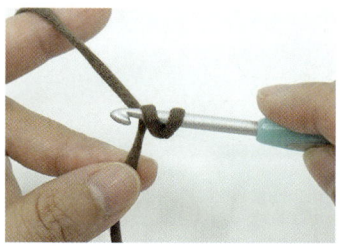

3 길게 남긴 실을 앞에서 뒤로 바늘에 걸어줍니다.

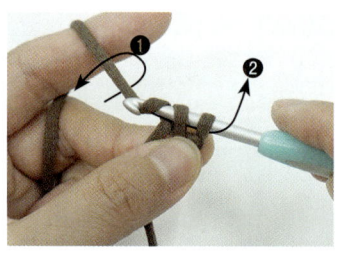

4 바늘에 실을 걸어 2개의 고리로 한번에 빼냅니다.

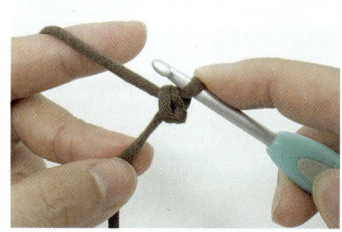

5 과정 3~4번을 반복합니다.

6 원하는 길이의 스레드 끈을 만들어줍니다.

실 색상 바꾸는 방법

● 평면뜨기(왕복뜨기)할 때 실 색상 바꾸는 방법

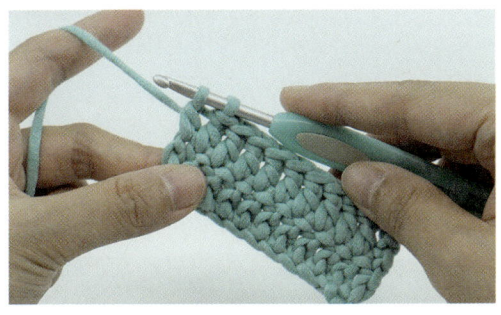

1 마지막 한길긴뜨기 미완성코에서 실을 바꿔줍니다.

2 뜨던 실을 뒤에서 앞으로 바늘에 걸어줍니다.

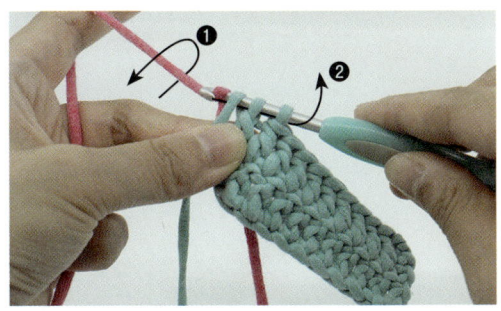

3 새로운 실을 바늘에 걸어 화살표 방향으로 한번에 빼냅니다.

4 실 색상이 바뀌었습니다.

5 다음 코를 뜹니다.

● **모티브 뜰 때 실 색상 바꾸는 방법**

1   마지막 빼뜨기를 할 때 실을 바꿔줍니다.

2   첫 번째 코(기둥코)의 세 번째 사슬반코와 코산 2가닥에 바늘을 넣고 새로운 실을 걸어 한번에 빼냅니다.
POINT 한길긴뜨기의 첫코는 기둥코(사슬 3코)입니다.

3   실 색상이 바뀌었습니다.

4   다음 코를 뜹니다.

● **배색할 때 실 색상 바꾸는 방법**

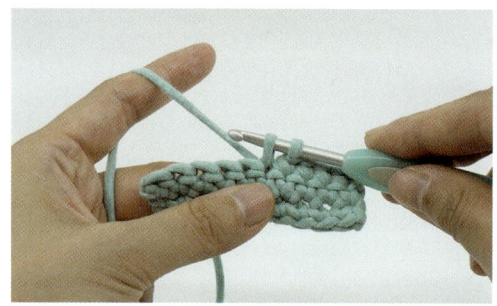

1   짧은뜨기 미완성코를 뜹니다.

2   바탕실(민트색)은 내려놓고, 배색실(밤색)을 바늘에 걸어 화살표 방향으로 한번에 빼냅니다.

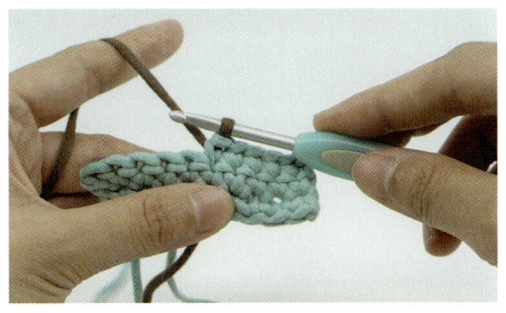

3 짧은뜨기 1코가 떠지고, 실 색상이 바뀌었습니다.

4 다음 코를 뜰 때 코의 머리(V모양) 2가닥과 바탕실(민트색=숨기는 실) 밑으로 바늘을 넣고

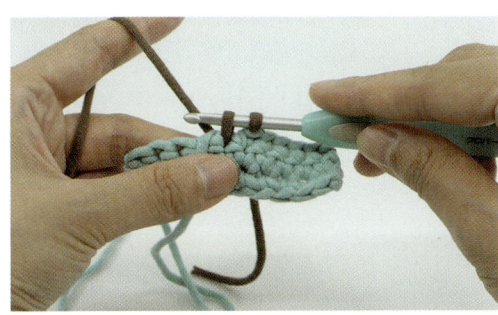

5 실을 걸어 빼냅니다.

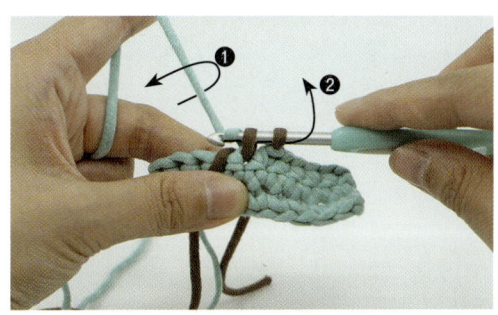

6 배색실(밤색)을 내려놓고, 바탕실(민트색)을 바늘에 걸어 화살표 방향으로 한번에 빼냅니다.

7 같은 방법으로 색상을 바꿔가며 뜹니다.

돗바늘에 실 끼우는 방법

● **일반실**

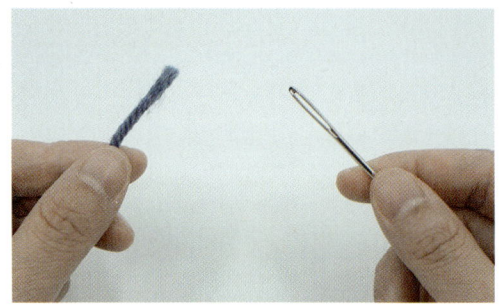

1 실과 돗바늘을 준비합니다.

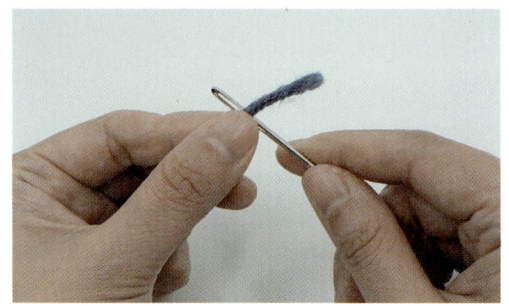

2 돗바늘을 실 아래쪽에 대고 반을 접어

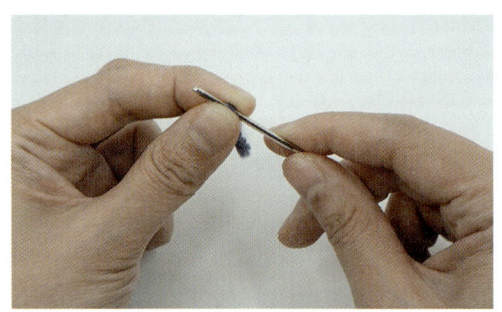

3 바늘을 빼냅니다.

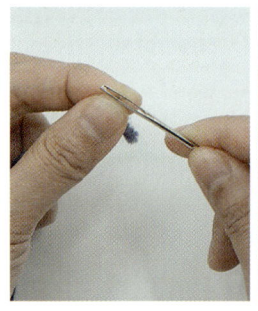

4 돗바늘을 앞뒤로 왔다 갔다 하면서 엄지와 검지를 살짝 벌리면 실이 바늘 구멍에 들어갑니다.

● **패브릭얀이나 두꺼운 실**

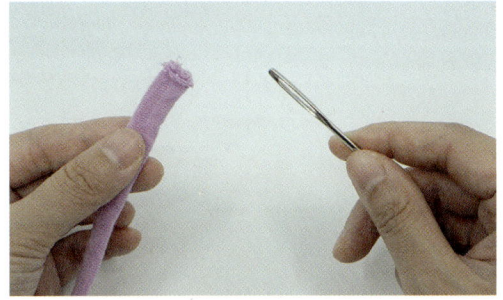

1   실과 돗바늘을 준비합니다.

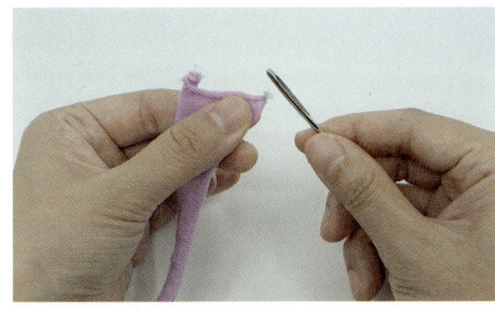

2   실 끝을 펴줍니다.

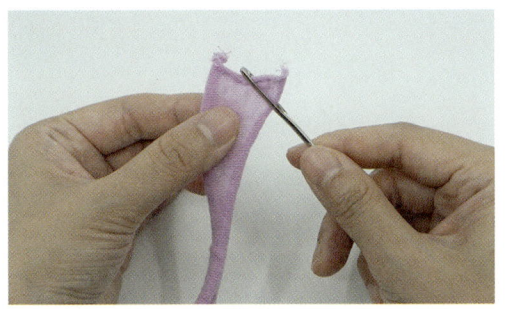

3   돗바늘에 실의 모서리 부분을 끼워줍니다.

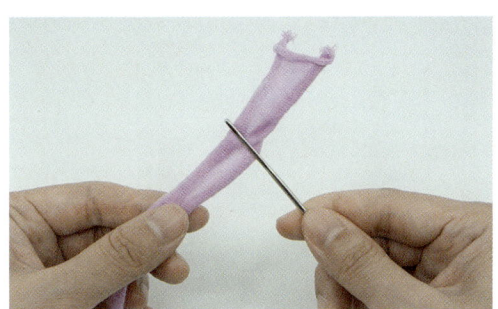

4   돗바늘에 패브릭얀이 끼워졌습니다.

남은 뜨개실 숨기는 방법

1   돗바늘에 남은 실을 끼워줍니다.

2   남은 실은 뜨개바탕 안면에 숨기는데, 숨기기 좋은 코의 다리(V모양)까지 실이 보이지 않게 걸쳐서 이동합니다.

3 뜨개바탕의 안면 다리(V모양)에 돗바늘을 3~4cm정도 통과시킵니다.
POINT 패브릭얀이나 두꺼운 실은 3~4cm정도 통과시키고 자릅니다.

4 뜨개바탕을 반대로 돌려 실 1가닥을 건너 되돌아 숨겨줍니다.
POINT 얇은 실을 숨길 때 되돌아 숨겨주면 실이 잘 빠지지 않습니다.

5 남은 실은 가위로 바짝 자릅니다.

6 바늘에 중심 실을 끼우고, 당겨서 한 번 더 조여줍니다.

7 중심부분 코의 다리(V모양)에 한 바퀴 돌려 실을 숨겨줍니다.

8 남은 실은 가위로 바짝 자릅니다.

스팀다리미로 뜨개바탕 정리하는 방법

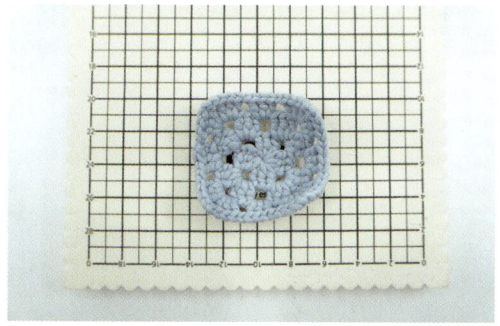

1   모티브를 준비합니다.

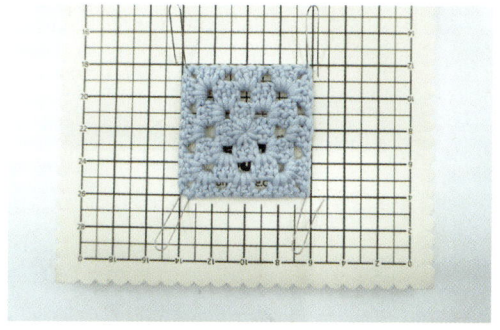

2   모티브 안면의 모서리에 핀을 꽂아 고정합니다.

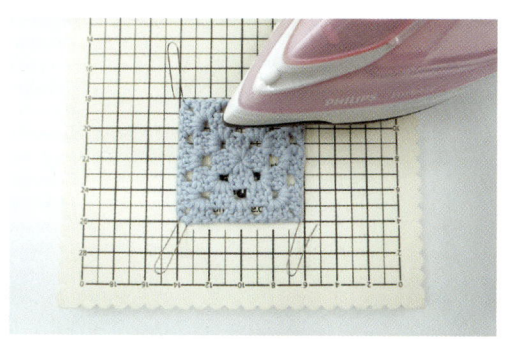

3   스팀다리미에서 스팀이 나오는지 확인한 뒤 1~2cm 띄워 스팀을 하거나 다려줍니다.
    POINT 스팀다리미를 사용하기 전에 다림질이 가능한 실인지 아닌지는 실에 먼저 다림질을 해보면 알 수 있습니다.

4   클러치나 가방도 스팀다리미로 모양을 잡아줍니다.

코바늘 손뜨개 모티브 뜨기

원형 모티브 A l 원형 모티브 B l 원형 모티브 C l 사각 모티브 A l 사각 모티브 B l
타원형 모티브 l 직사각 모티브

1

원형 모티브 A

● **사용한 뜨개법**

손가락 원형코, 사슬뜨기, 짧은뜨기, 짧은뜨기 2코 넣어뜨기, 빼뜨기

● **도안**

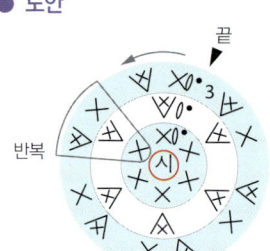

● **완성**

1 검지에 실을 2번 감아 고리를 만듭니다. 실이 꼬이지 않게 나란히 감습니다.

2 실이 흐트러지지 않게 오른손으로 잘 잡으며 검지에서 고리를 빼냅니다.

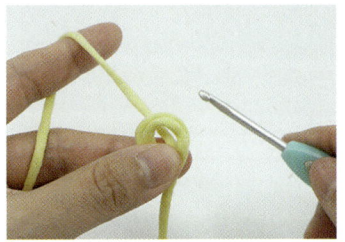

3 왼손에 실을 걸고, 엄지와 중지로 고리를 잡아 뜰 준비를 합니다.

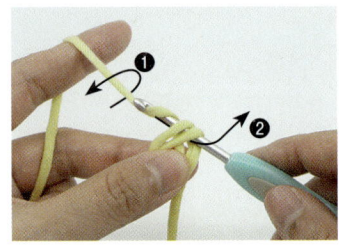

4 원형코에 바늘을 넣고 실을 걸어 화살표 방향으로 빼냅니다.

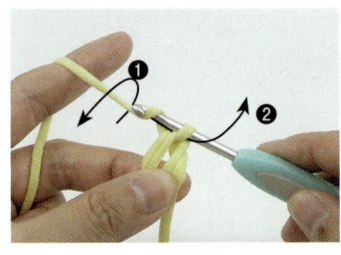

5 다시 바늘에 실을 걸어 빼냅니다.

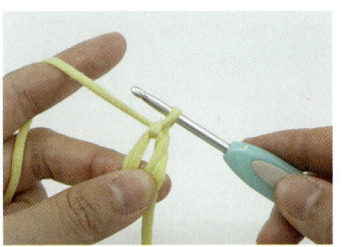

6 원형코가 완성되었습니다.
POINT 이 코는 콧수로 세지 않습니다.

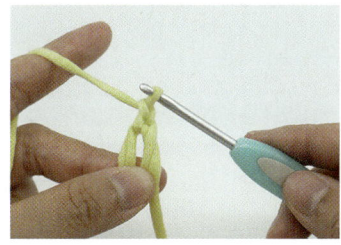

7 기둥코로 사슬뜨기 1코를 뜹니다.
POINT 짧은뜨기의 기둥코는 1코로 세지 않습니다.

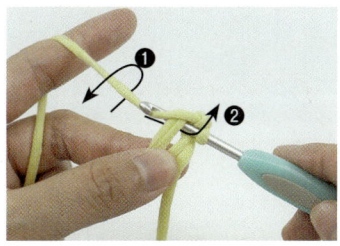

8 원형코에 바늘을 넣고 실을 걸어 화살표 방향으로 사슬 1코 높이만큼 빼 냅니다.

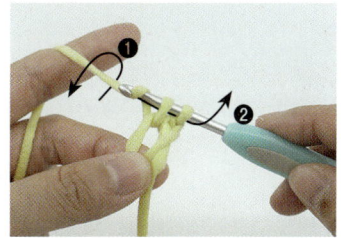

9 다시 바늘에 실을 걸어 2개의 고리로 한번에 빼냅니다.

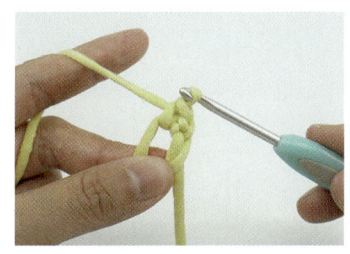

10 첫 번째 짧은뜨기 1코가 완성되었습니다(짧은뜨기).

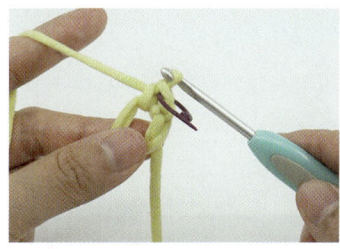

11 스티치마커를 첫 번째 코의 머리(V모양) 2가닥에 걸어 첫코를 표시합니다.

12 과정 8~9번을 반복해서 짧은뜨기 6코를 뜹니다.

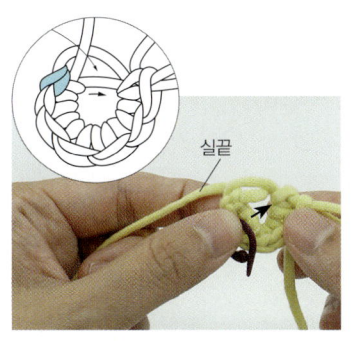

13 실 끝을 잡고 살짝 당기면 움직이는 실이 있습니다. 움직이는 실을 화살표 방향으로 잡아당겨 고리를 조여줍니다.

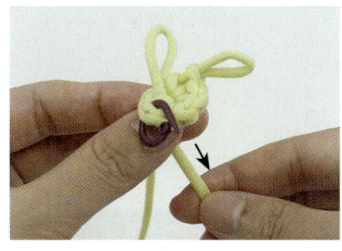

14 실 끝을 아래로 당겨 나머지 고리도 조여줍니다.

15 원형코가 조여졌습니다. 총 6코인지 확인합니다.

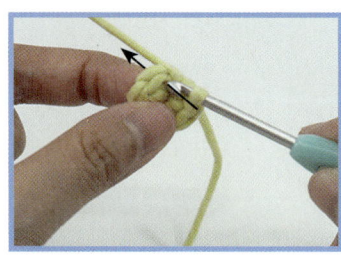
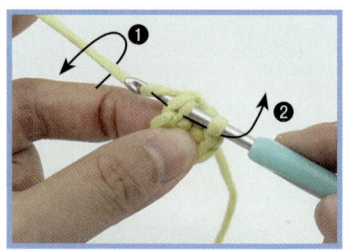

16 첫 번째 코에 걸어두었던 스티치마커를 제거합니다.

17 첫 번째 코의 머리(V모양) 2가닥에 바늘을 넣고

18 실을 걸어 한번에 빼냅니다(빼뜨기).

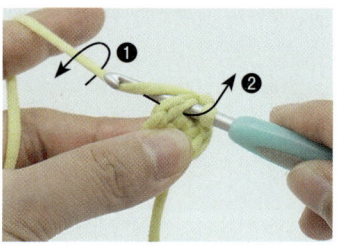

19 1단이 완성되었습니다.

20 2단 기둥코로 사슬뜨기 1코를 뜹니다.
POINT 짧은뜨기의 기둥코는 1코로 세지 않습니다.

21 아랫단 첫 번째 코의 머리(V모양) 2가닥에 바늘을 넣고 실을 걸어 화살표 방향으로 사슬 1코 높이만큼 빼냅니다.

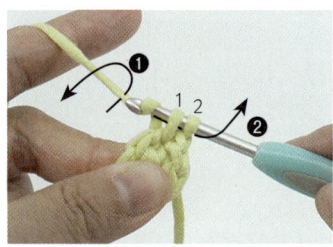
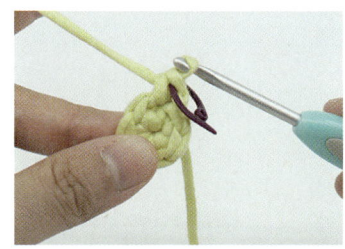
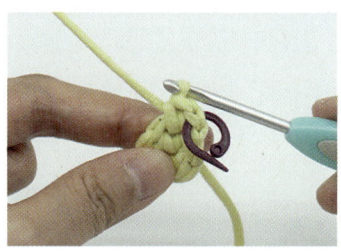

22 다시 바늘에 실을 걸어 한번에 빼냅니다.

23 2단의 첫 번째 짧은뜨기 코가 완성되었습니다. 스티치마커를 첫 번째 코의 머리(V모양) 2가닥에 걸어 첫코를 표시합니다.
POINT 짧은뜨기의 첫코는 첫 번째 짧은뜨기입니다.

24 같은 코에 짧은뜨기 1코를 더 뜹니다(짧은뜨기 2코 넣어뜨기).

25 코마다 짧은뜨기 2코 넣어뜨기로 코를 늘려줍니다. 6코가 늘어나서 총 12코인지 확인합니다.

26 첫 번째 코에 걸어 두었던 스티치마커를 제거하고 첫 번째 코에 빼뜨기를 합니다(빼뜨기).

27 2단이 완성되었습니다.

28 3단 기둥코로 사슬뜨기 1코를 뜹니다.
POINT 짧은뜨기의 기둥코는 1코로 세지 않습니다.

29 아랫단 첫 번째 코의 머리(V모양) 2가닥에 짧은뜨기 1코를 뜨고, 스티치마커를 걸어 첫코를 표시합니다.
POINT 짧은뜨기의 첫코는 첫 번째 짧은뜨기입니다.

30 다음 코에 짧은뜨기 2코를 뜹니다 (짧은뜨기 2코 넣어뜨기).

31 코마다 짧은뜨기 1코와 짧은뜨기 2코를 반복해서 뜹니다. 6코가 늘어나 총 18코인지 확인합니다.

32 첫 번째 코에 걸어 두었던 스티치마커를 제거하고 첫 번째 코에 빼뜨기를 합니다. 3단이 완성되었습니다.

● 마지막 단을 빼뜨기 없이 돗바늘로 마무리하는 방법

1 실을 15cm정도로 길게 빼서 중심을 가위로 자릅니다.

2 실 끝을 돗바늘에 끼워줍니다.

3 p.65를 참고하여 마지막 단을 빼뜨기 없이 돗바늘로 마무리하고, 남은 실을 뜨개바탕 안면에 숨겨줍니다. 숨기기 좋은 코의 다리(V모양)까지 실이 보이지 않게 걸쳐서 이동합니다. 뜨개바탕 안면 코의 다리(V모양)에 돗바늘을 3~4cm 정도 통과시켜 실을 숨긴 뒤 남은 실을 바짝 자릅니다.

● **빼뜨기 없이 돗바늘로 마무리하는 방법**

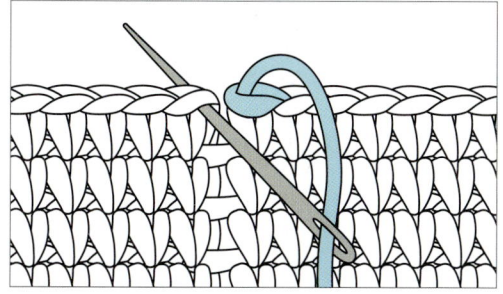

1 빼뜨기 대신 실을 15cm 정도 길게 빼서 중심을 가로로 자르고 실 끝을 돗바늘에 끼워줍니다. 첫 번째 코의 머리(V모양) 2가닥에 돗바늘을 넣어 실을 통과시켜줍니다.

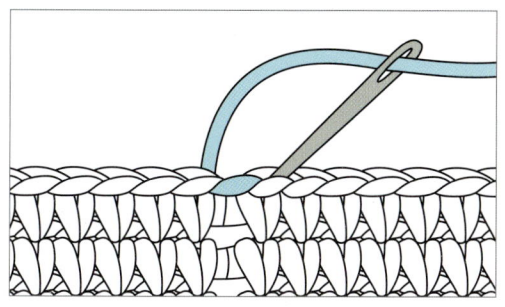

2 다시 오른쪽 코의 머리(V모양) 뒤반코에 돗바늘을 넣어 통과시켜줍니다.

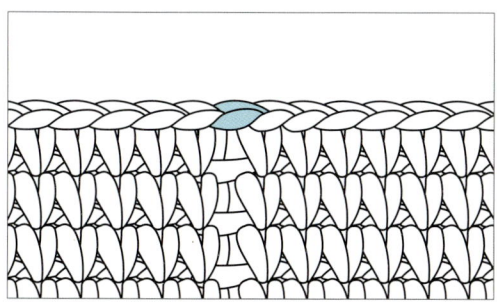

3 빼뜨기 없이 돗바늘로 마무리되었습니다.

원형 모티브 B

기둥코를 세우지 않고 나선형 모양으로 뜨기

● **사용한 뜨개법**

손가락 원형코, 사슬뜨기, 짧은뜨기, 짧은뜨기 2코 넣어뜨기, 빼뜨기

● **도안**

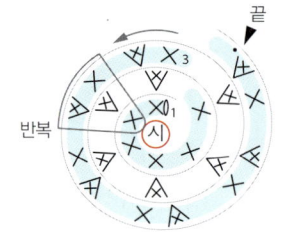

● **완성**

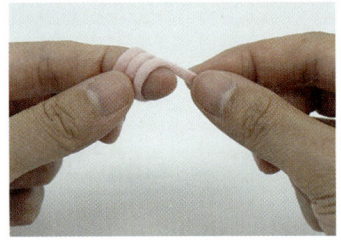

1 검지에 실을 2번 감아 고리를 만듭니다. 실이 꼬이지 않게 나란히 감습니다.

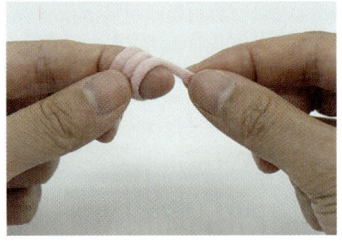

2 검지에서 실이 흐트러지지 않게 오른손으로 잘 잡으며 고리를 빼냅니다.

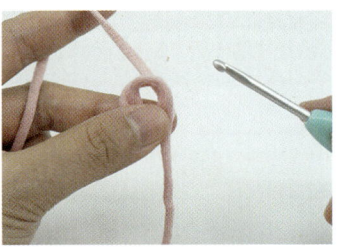

3 왼손에 실을 걸고, 엄지와 중지로 고리를 잡아 뜰 준비를 합니다.

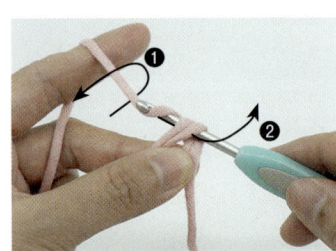

4 원형코에 바늘을 넣고 실을 걸어 화살표 방향으로 빼냅니다.

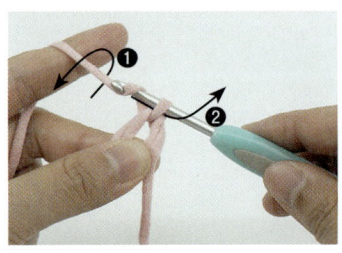

5 다시 바늘에 실을 걸어 빼냅니다.

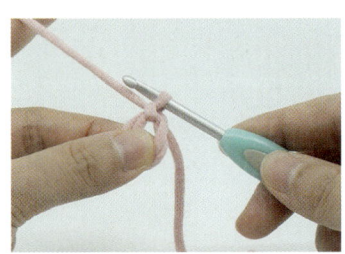

6 원형코가 완성되었습니다.
POINT 이 코는 콧수로 세지 않습니다.

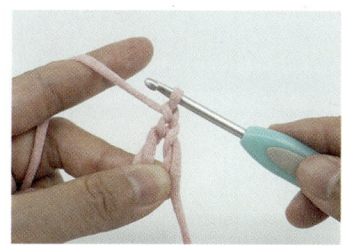

7 기둥코로 사슬뜨기 1코를 뜹니다.
POINT 짧은뜨기의 기둥코는 콧수로 세지 않습니다.

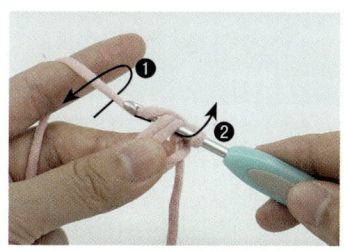

8 원형코에 바늘을 넣고 실을 걸어 화살표 방향으로 사슬 1코 높이만큼 빼냅니다.

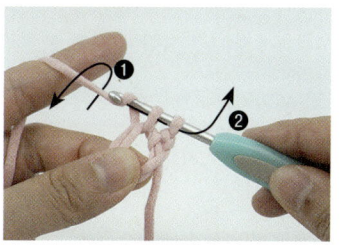

9 다시 바늘에 실을 걸어 2개의 고리로 한번에 빼냅니다.

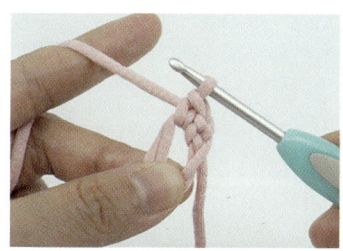

10 첫 번째 짧은뜨기 1코가 완성되었습니다.

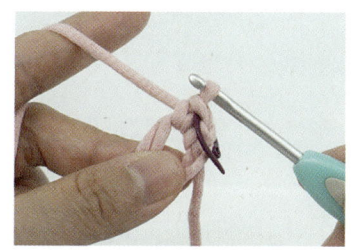

11 스티치마커를 첫 번째 코의 머리(V모양) 2가닥에 걸어 첫코를 표시합니다.

12 과정 8~9번을 반복해서 짧은뜨기를 6코 뜹니다.

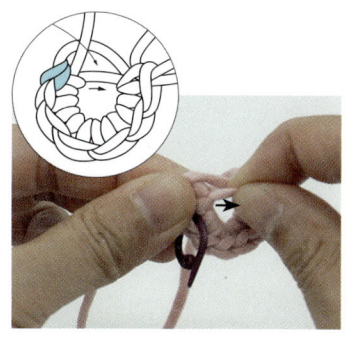

13 실 끝을 잡고 살짝 당겨 움직이는 실을 화살표 방향으로 잡아당겨 고리 하나를 조여줍니다.

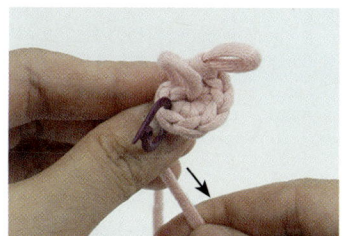

14 실 끝을 아래로 당겨 나머지 고리도 조여줍니다.

15 원형코가 조여졌습니다. 총 6코인지 확인합니다.

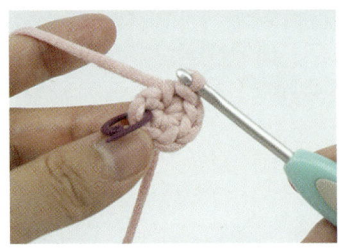

16 첫 번째 코에 걸어두었던 스티치마커를 제거합니다.

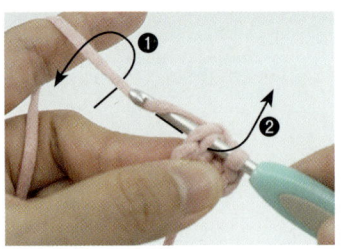

17 첫 번째 코의 머리(V모양) 2가닥에 바늘을 넣고 실을 걸어 사슬 1코 높이만큼 빼냅니다.

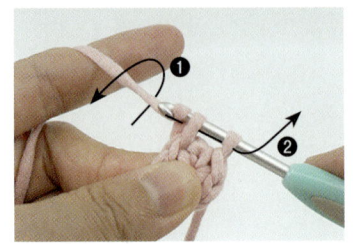

18 다시 바늘에 실을 걸어 2개의 고리로 한번에 빼냅니다.

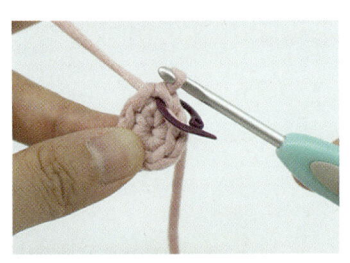

19 2단의 첫 번째 짧은뜨기 코가 완성되었습니다. 스티치마커를 첫 번째 코의 머리(V모양) 2가닥에 걸어 첫 코를 표시합니다.
POINT 짧은뜨기의 첫코는 첫 번째 짧은뜨기입니다.

20 같은 코에 짧은뜨기 1코를 더 뜹니다 (짧은뜨기 2코 넣어뜨기).

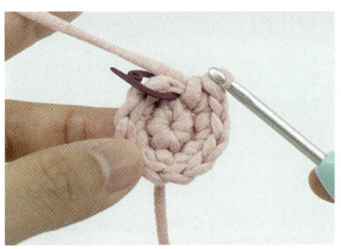

21 코마다 짧은뜨기 2코 넣어뜨기로 코를 늘려줍니다. 6코가 늘어나서 총 12코인지 확인합니다.

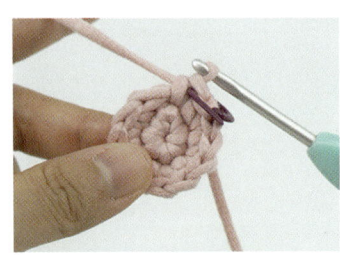

22 첫 번째 코에 걸어두었던 스티치마커를 제거하고 짧은뜨기 1코를 뜹니다. 3단의 첫 번째 코가 완성되었습니다. 스티치마커를 첫 번째 코의 머리(V모양) 2가닥에 걸어 첫코를 표시합니다.

23 다음 코에 짧은뜨기 2코를 뜹니다 (짧은뜨기 2코 넣어뜨기).

24 코마다 짧은뜨기 1코와 짧은뜨기 2코를 반복해서 뜹니다. 6코가 늘어나 총 18코인지 확인합니다.

25 첫 번째 코에 걸어 두었던 스티치마커를 제거하고 첫 번째 코에 빼뜨기를 합니다. 3단이 완성되었습니다. 실을 15cm정도 길게 빼서 중심을 가위로 자릅니다. 실 끝을 돗바늘에 끼워 뜨개바탕 안면 다리(V모양)에 3~4cm정도 통과시켜 숨긴 뒤 실을 바짝 자릅니다.

POINT 나선형 모양으로 뜨기는 기둥코를 세우지 않고 뜨기 때문에 빼뜨기 라인이 없어 깔끔하지만 단 차이가 납니다. 단 구분이 어렵기 때문에 첫 코에 스티치마커를 걸어 표시합니다.

원형 모티브 C

● **사용한 뜨개법**

손가락 원형코, 사슬뜨기, 한길긴뜨기, 한길긴뜨기 2코 넣어뜨기, 빼뜨기

● **도안**

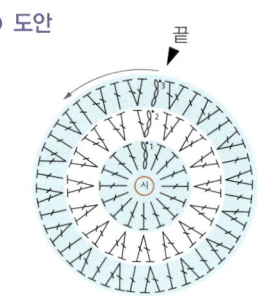

● **완성**

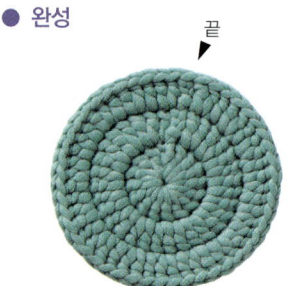

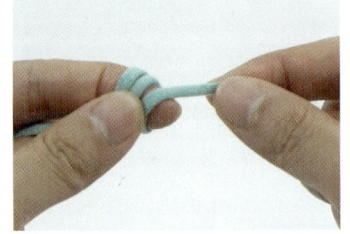

1 검지에 실을 2번 감아 고리를 만듭니다. 실이 꼬이지 않게 나란히 감아줍니다.

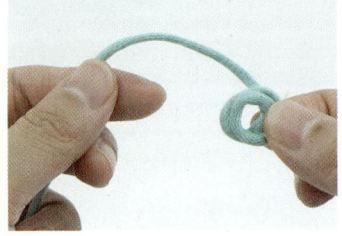

2 검지에서 실이 흐트러지지 않게 오른손으로 잘 잡아 고리를 빼냅니다.

3 왼손에 실을 걸고, 엄지와 중지로 고리를 잡아 뜰 준비를 합니다.

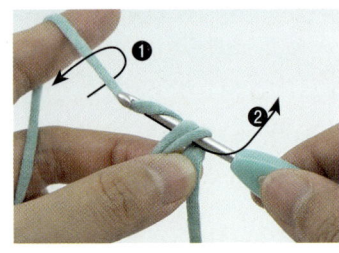

4 원형코에 바늘을 넣고 실을 걸어 화살표 방향으로 빼냅니다.

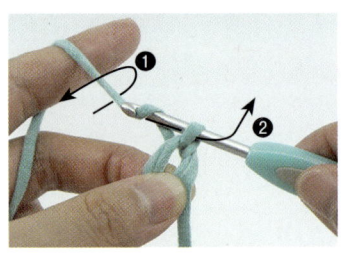

5 다시 바늘에 실을 걸어 빼냅니다.

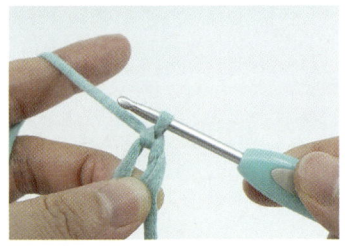

6 원형코가 완성되었습니다.
POINT 이 코는 콧수로 세지 않습니다.

7 기둥코로 사슬뜨기 3코를 뜹니다.
POINT 한길긴뜨기의 기둥코는 1코로 셉니다.

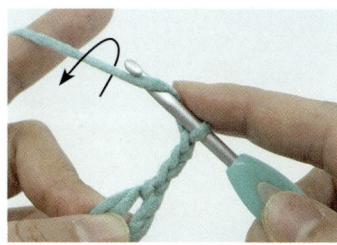

8 바늘에 실을 걸어줍니다.

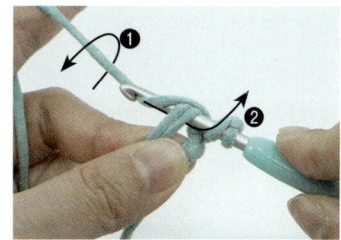

9 원형코에 바늘을 넣고 실을 걸어 화살표 방향으로 사슬 2코 높이만큼 실을 빼냅니다.

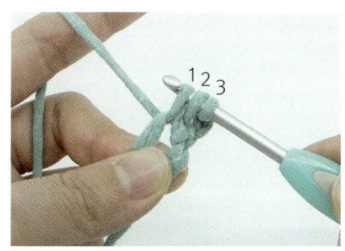

10 바늘에 3개의 고리가 걸려 있습니다.

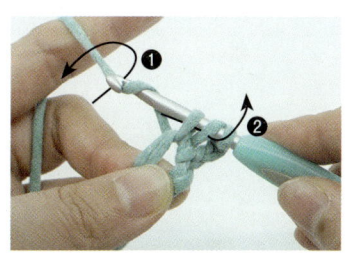

11 실을 걸어 2개의 고리로 한번에 빼냅니다.

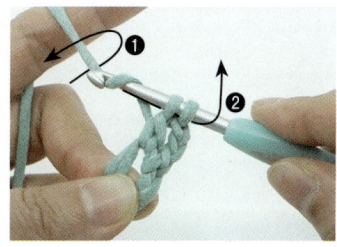

12 다시 실을 걸어 2개의 고리로 한번에 빼냅니다.

13 한길긴뜨기 1코가 완성되었습니다.
POINT 기둥코와 한길긴뜨기 코의 높이가 같습니다.

14 과정 8~12번을 반복해서 기둥코 포함 한길긴뜨기로 총 16코를 뜹니다.
POINT 한길긴뜨기의 기둥코는 1코로 셉니다.

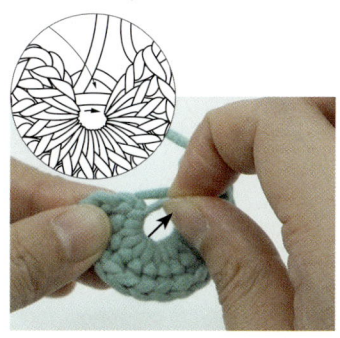

15 실 끝을 잡고 살짝 당기면 움직이는 실이 있습니다. 움직이는 실을 화살표 방향으로 잡아당겨 고리 하나를 조여줍니다.

16 실 끝을 아래로 당겨 나머지 고리도 조여줍니다.

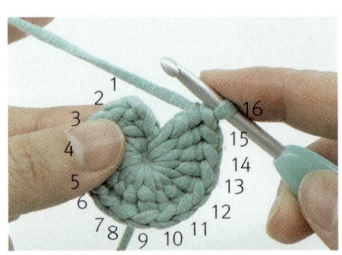

17 원형코가 조여졌습니다. 총 16코인지 확인합니다.

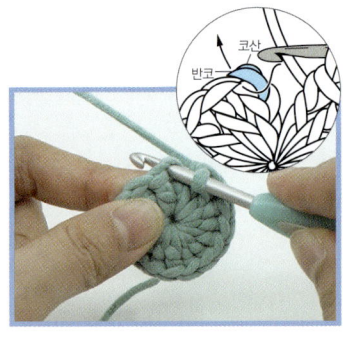

18 첫 번째 코(기둥코)의 세 번째 사슬반코와 코산 2가닥에 바늘을 넣고

POINT 한길긴뜨기의 첫코는 기둥코(사슬 3코)입니다.

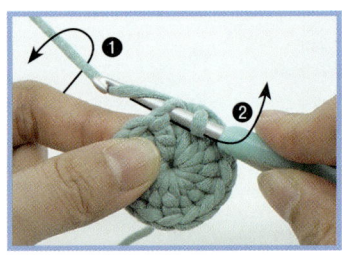

19 실을 걸어 한번에 빼냅니다(빼뜨기).

20 1단이 완성되었습니다.

21 2단 기둥코로 사슬뜨기 3코를 뜹니다.

POINT 한길긴뜨기의 기둥코는 1코로 셉니다.

22 바늘에 실을 걸고, 아랫단 첫 번째 코(기둥코)의 세 번째 사슬반코와 코산 2가닥에 바늘을 넣어 두 번째 한길긴뜨기 코를 뜹니다.

23 두 번째 한길긴뜨기 코가 완성되었습니다.

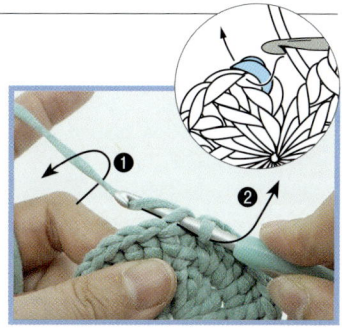

24 다음 코에 한길긴뜨기 2코를 뜹니다.
POINT 과정 19~21번처럼 세 번째 사슬(기둥코) 코에 빼뜨기를 하고 기둥코 사슬뜨기 3코를 뜨면 그다음 코의 머리가 벌어져서 놓치기 쉽습니다. 이 점을 유의하면서 뜹니다.

25 코마다 한길긴뜨기 2코 넣어뜨기를 반복해서 뜹니다. 16코가 늘어나서 총 32코인지 확인합니다.

26 첫 번째 코(기둥코)의 세 번째 사슬반코와 코산 2가닥에 바늘을 넣고 실을 걸어 한번에 빼냅니다(빼뜨기).

27 2단이 완성되었습니다.

28 ▌3단▐ 기둥코로 사슬뜨기 3코를 뜹니다.

29 다음 코에 한길긴뜨기 2코를 뜹니다.

30 다음 코에 한길긴뜨기 1코를 뜹니다.

31 다음 코에 한길긴뜨기 2코를 뜹니다.

32 코마다 한길긴뜨기 1코와 한길긴뜨기 2코를 반복해서 뜹니다. 16코가 늘어나 총 48코인지 확인합니다.

33 첫 번째 코(기둥코)의 세 번째 사슬반
코와 코산 2가닥에 바늘을 넣고 실을
걸어 한번에 빼냅니다(빼뜨기).

34 3단이 완성되었습니다.

● **마지막 단을 빼뜨기 없이 돗바늘로 마무리하는 방법**

1 실을 15cm정도 길게 빼서 중심을 가위로 자릅니다.

2 실 끝을 돗바늘에 끼워줍니다.

3 p.65를 참고하여 마지막 단을 빼뜨기 없이 돗바늘로 마무리하고, 남은 실을 뜨개바탕 안면에 숨겨줍니다. 숨기기 좋은 코의 다리(V모양)까지 실이 보이지 않게 걸쳐서 이동합니다. 뜨개바탕 안면 코의 다리(V모양)에 돗바늘을 3~4cm 정도 통과시켜 실을 숨긴 뒤 남은 실을 바짝 자릅니다.

사각 모티브 A

● **사용한 뜨개법**
손가락 원형코, 사슬뜨기,
한길긴뜨기, 빼뜨기

● **도안**

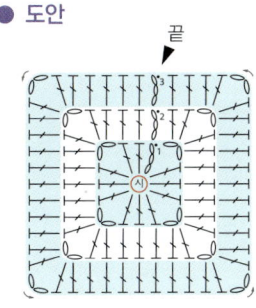

● **완성**

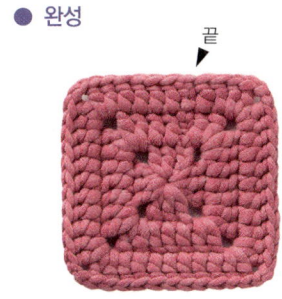

1 검지에 실을 2번 감아 고리를 만듭니다. 실이 꼬이지 않게 나란히 감아줍니다.

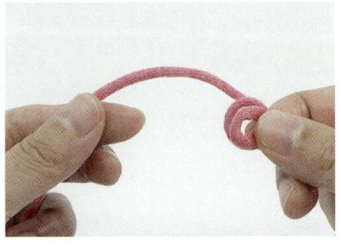

2 검지에서 실이 흐트러지지 않게 오른손으로 잘 잡아 고리를 빼냅니다.

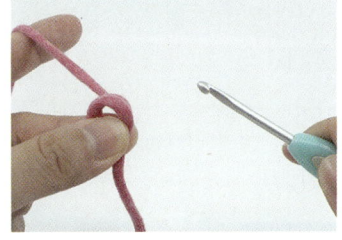

3 왼손에 실을 걸고, 엄지와 중지로 고리를 잡아 뜰 준비를 합니다.

4 원형코에 바늘을 넣고 실을 걸어 화살표 방향으로 빼냅니다.

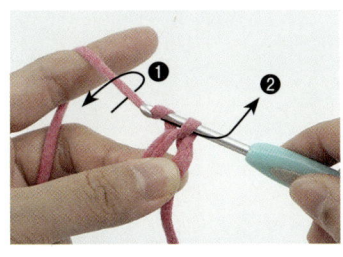

5 다시 바늘에 실을 걸어 빼냅니다.

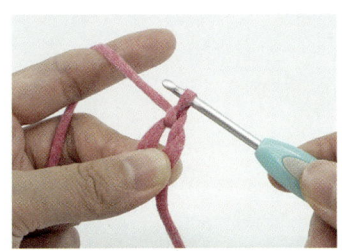

6 원형코가 완성되었습니다.
POINT 이 코는 콧수로 세지 않습니다.

7 기둥코로 사슬뜨기 3코를 뜹니다.
POINT 한길긴뜨기 기둥코는 1코로 셉니다.

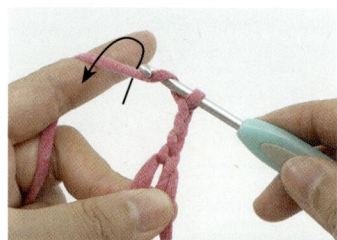

8 바늘에 실을 걸어줍니다.

9 원형코에 바늘을 넣고 다시 실을 걸어 화살표 방향으로 사슬 2코 높이만큼 실을 빼냅니다.

10 바늘에 3개의 고리가 걸려있습니다.

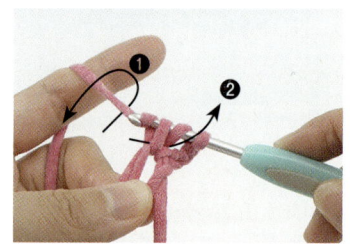

11 실을 걸어 2개의 고리로 한번에 빼냅니다.

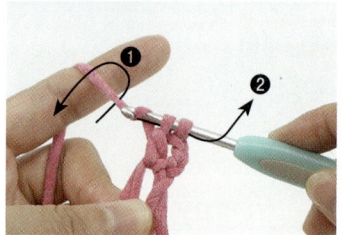

12 다시 실을 걸어 2개의 고리로 한번에 빼냅니다.

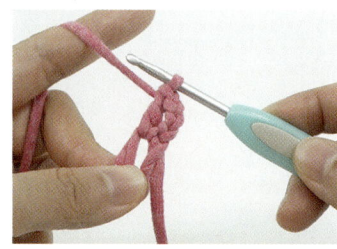

13 한길긴뜨기코가 완성되었습니다.
POINT 기둥코와 한길긴뜨기코의 높이가 같습니다.

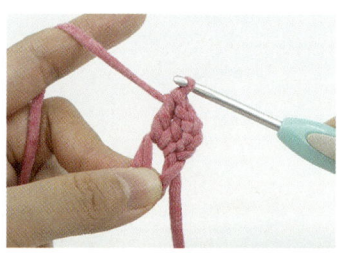

14 한길긴뜨기 1코를 한 번 더 뜹니다.

15 첫 번째 모서리를 만들기 위해 사슬뜨기 2코를 뜹니다.

16 한길긴뜨기 3코를 뜹니다.

17 두 번째 모서리를 만들기 위해 사슬 뜨기 2코를 뜹니다.

18 한길긴뜨기 3코를 뜹니다.

19 세 번째 모서리를 만들기 위해 사슬 뜨기 2코를 뜹니다.

20 한길긴뜨기 3코를 뜹니다.

21 네 번째 모서리를 만들기 위해 사슬 뜨기 2코를 뜹니다.

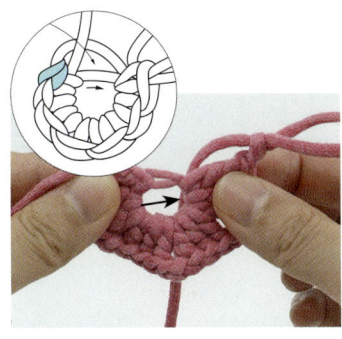

22 실 끝을 잡고 살짝 당기면 움직이는 실이 있습니다. 움직이는 실을 화살 표 방향으로 잡아당겨 고리를 조여 줍니다.

23 실 끝을 아래로 당겨 나머지 고리도 조여줍니다.

24 원형코가 조여졌습니다. 총 16코인 지 확인하고, 각 모서리에 사슬이 2 코씩 떠져 있는지 확인합니다.

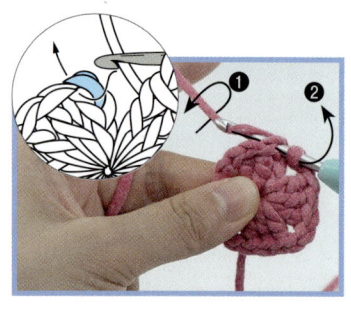  

25 첫 번째 코(기둥코)의 세 번째 사슬반 코와 코산 2가닥에 바늘을 넣고 실을 걸어 한번에 빼냅니다(빼뜨기).

26 1단이 완성되었습니다.

27 2단 기둥코로 사슬뜨기 3코를 뜹니다.
POINT 한길긴뜨기의 기둥코는 1코로 셉니다.

 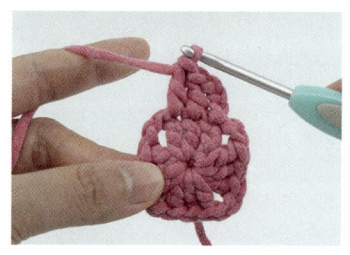 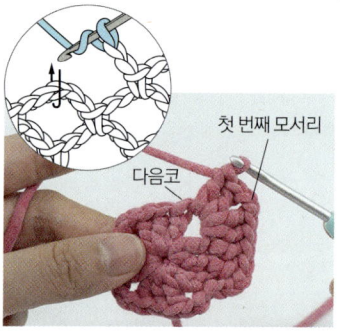

28 다음 코에 한길긴뜨기 1코를 뜹니다.

29 다음 코에도 한길긴뜨기 1코를 뜹니다.

30 다음 코는 사슬고리(사슬 2코)에 한길긴뜨기 2코, 사슬 2코(첫 번째 모서리), 한길긴뜨기 2코를 뜹니다.
POINT 사슬고리 아래에 바늘을 넣어 감싸듯이 뜹니다.

  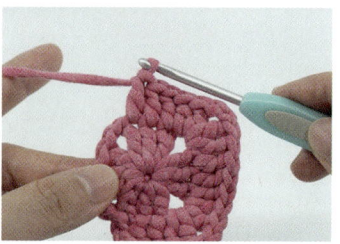

31 다음 3코에 한길긴뜨기 1코씩 3코를 뜹니다.
POINT 30번 과정처럼 사슬고리에 코를 뜨면 다음 코를 놓치기 쉽습니다. 이 점을 유의하면서 뜹니다.

32 다음 코는 사슬고리에 바늘을 넣어 한길긴뜨기 2코, 사슬뜨기 2코(두 번째 모서리), 한길긴뜨기 2코를 뜹니다.
POINT 사슬고리 아래에 바늘을 넣어 감싸듯이 뜹니다.

33 다음 3코에 한길긴뜨기 1코씩 3코를 뜹니다.

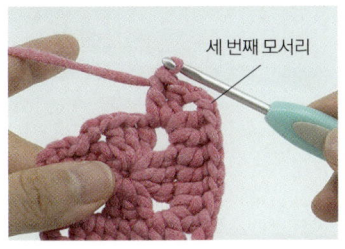
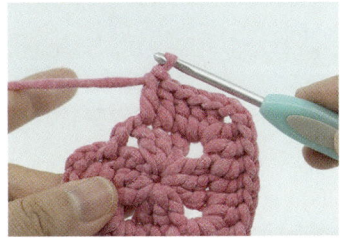

34 다음 코는 사슬고리에 바늘을 넣어 한길긴뜨기 2코, 사슬뜨기 2코(세 번째 모서리), 한길긴뜨기 2코를 뜹니다.
POINT 사슬고리 아래에 바늘을 넣어 감싸듯이 뜹니다.

35 다음 3코에 한길긴뜨기 1코씩 3코를 뜹니다.

36 다음 코는 사슬고리에 바늘을 넣어 한길긴뜨기 2코, 사슬뜨기 2코(네 번째 모서리), 한길긴뜨기 2코를 뜹니다.
POINT 사슬고리 아래에 바늘을 넣어 감싸듯이 뜹니다.

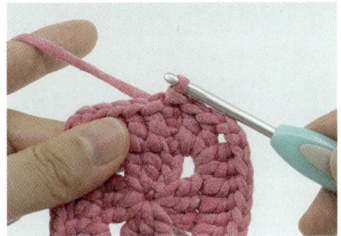

37 첫 번째 코(기둥코)의 세 번째 사슬반 코와 코산 2가닥에 바늘을 넣고 실을 걸어 한번에 빼냅니다(빼뜨기).
POINT 한길긴뜨기의 첫코는 기둥코(사슬 3코)입니다.

38 2단이 완성되었습니다.

39 3단 기둥코로 사슬뜨기 3코를 뜹니다.
POINT 한길긴뜨기의 기둥코는 1코로 셉니다.

40 다음 4코에 한길긴뜨기 1코씩 4코를 뜹니다.

41 다음 코는 사슬고리에 바늘을 넣어 한길긴뜨기 2코, 사슬뜨기 2코(첫 번째 모서리), 한길긴뜨기 2코를 뜹니다.
POINT 사슬고리 아래에 바늘을 넣어 감싸듯이 뜹니다.

42 다음 7코에 한길긴뜨기 1코씩 7코를 뜹니다.

43 다음 코는 사슬고리에 한길긴뜨기 2코, 사슬뜨기 2코(두 번째 모서리), 한길긴뜨기 2코를 뜹니다.
POINT 사슬고리 아래에 바늘을 넣어 감싸듯이 뜹니다.

44 다음 7코에 한길긴뜨기 1코씩 7코를 뜹니다.

45 다음 코는 사슬고리에 바늘을 넣어 한길긴뜨기 2코, 사슬뜨기 2코(세 번째 모서리), 한길긴뜨기 2코를 뜹니다.
POINT 사슬고리 아래에 바늘을 넣어 감싸듯이 뜹니다.

46 다음 7코에 한길긴뜨기 1코씩 7코를 뜹니다.

47 다음 코는 사슬고리에 바늘을 넣어 한길긴뜨기 2코, 사슬뜨기 2코(네 번째 모서리), 한길긴뜨기 2코를 뜹니다.
POINT 사슬고리 아래에 바늘을 넣어 감싸듯이 뜹니다.

48 다음 2코에 한길긴뜨기 1코씩 2코를 뜹니다.

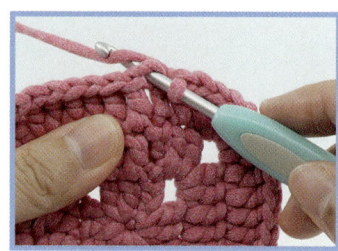

49 첫 번째 코(기둥코)의 세 번째 사슬반코와 코산 2가닥에 바늘을 넣고 실을 걸어 한번에 빼냅니다(빼뜨기).
POINT 한길긴뜨기의 첫 번째코는 기둥코(사슬 3코)입니다.

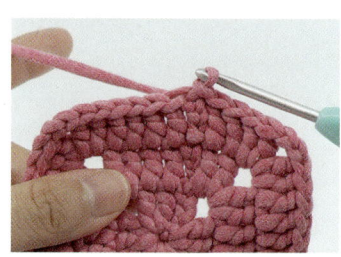

50 3단이 완성되었습니다.

● 마지막 단을 빼뜨기 없이 돗바늘로 마무리하는 방법

1 실을 15cm정도 길게 빼서 중심을 가위로 자릅니다.

2 실 끝을 돗바늘에 끼워줍니다.

3 p.65를 참고하여 마지막 단을 빼뜨기 없이 돗바늘로 마무리하고, 남은 실을 뜨개바탕 안면에 숨겨줍니다. 숨기기 좋은 코의 다리(V모양)까지 실이 보이지 않게 걸쳐서 이동합니다. 뜨개바탕 안면 코의 다리(V모양)에 돗바늘을 3~4cm 정도 통과시켜 실을 숨긴 뒤 남은 실을 바짝 자릅니다.

사각 모티브 B

● **사용한 뜨개법**

손가락 원형코, 사슬뜨기,
한길긴뜨기, 빼뜨기

● **도안**

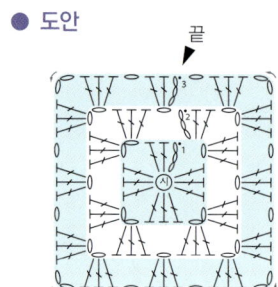

● **완성**

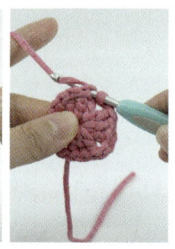

1-25 POINT 과정 1~25번까지 사각 모티브 A와 같습니다.

26 1단이 완성되었습니다.

27 2단 기둥코로 사슬뜨기 3코를 뜹니다.

POINT 한길긴뜨기의 기둥코는 1코로 셉니다.

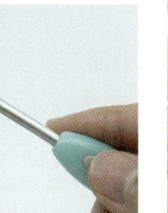

28 다시 사슬뜨기 1코를 뜹니다.

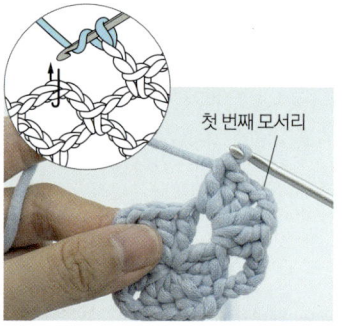

29 다음 코는 사슬고리에 바늘을 넣어 한길긴뜨기 3코, 사슬뜨기 2코(첫 번째 모서리), 한길긴뜨기 3코를 뜹니다.

POINT 사슬고리 아래에 바늘을 넣어 감싸듯이 뜹니다.

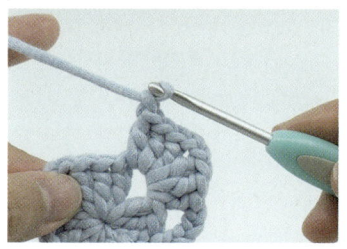

30 사슬뜨기 1코를 뜹니다.

31 다음 코는 사슬고리에 바늘을 넣어 한길긴뜨기 3코, 사슬뜨기 2코(두 번째 모서리), 한길긴뜨기 3코를 뜹니다.
POINT 사슬고리 아래에 바늘을 넣어 감싸듯이 뜹니다.

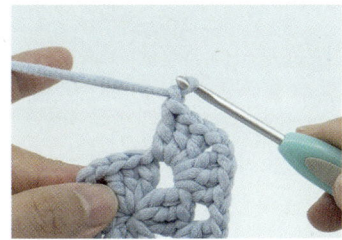

32 사슬뜨기 1코를 뜹니다.

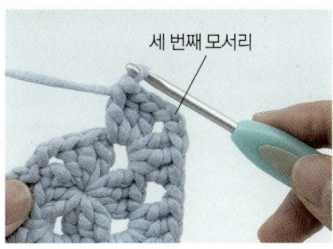

33 다음 코는 사슬고리에 바늘을 넣어 한길긴뜨기 3코, 사슬뜨기 2코(세 번째 모서리), 한길긴뜨기 3코를 뜹니다.
POINT 사슬고리 아래에 바늘을 넣어 감싸듯이 뜹니다.

34 사슬뜨기 1코를 뜹니다.

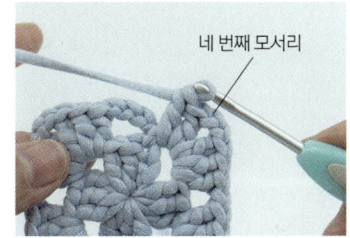

35 다음 코는 사슬고리에 바늘을 넣어 한길긴뜨기 3코, 사슬뜨기 2코(네 번째 모서리), 한길긴뜨기 2코를 뜹니다.
POINT 사슬고리 아래에 바늘을 넣어 감싸듯이 뜹니다.

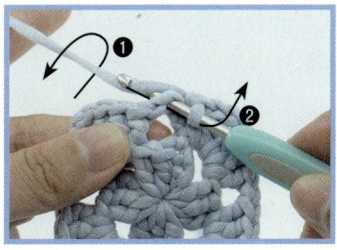

36 첫 번째 코(기둥코)의 세 번째 사슬반 코와 코산 2가닥에 바늘을 넣고 실을 걸어 한번에 빼냅니다(빼뜨기).
POINT 한길긴뜨기의 첫 코는 기둥코(사슬 3코)입니다.

37 2단이 완성되었습니다.

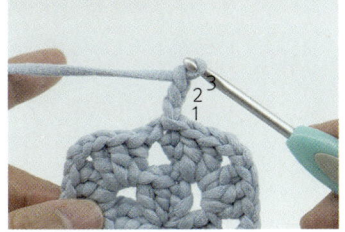

38 3단 기둥코로 사슬뜨기 3코를 뜹니다.
POINT 한길긴뜨기의 기둥코 1코로 셉니다.

39 다음 코는 사슬고리에 바늘을 넣어 한길긴뜨기 2코를 뜹니다.
POINT 사슬고리 아래에 바늘을 넣어 감싸듯이 뜹니다.

40 사슬뜨기 1코를 뜹니다.

41 다음 코는 사슬고리에 바늘을 넣어 한길긴뜨기 3코, 사슬뜨기 2코(첫 번째 모서리), 한길긴뜨기 3코를 뜹니다.
POINT 사슬고리 아래에 바늘을 넣어 감싸듯이 뜹니다.

42 사슬뜨기 1코를 뜹니다.

43 다음 코는 사슬고리에 바늘을 넣어 한길긴뜨기 3코를 뜹니다.
POINT 사슬고리 아래에 바늘을 넣어 감싸듯이 뜹니다.

44 사슬뜨기 1코를 뜹니다.

45 다음 코는 사슬고리에 바늘을 넣어 한길긴뜨기 3코, 사슬뜨기 2코(두 번째 모서리), 한길긴뜨기 3코를 뜹니다.
POINT 사슬고리 아래에 바늘을 넣어 감싸듯이 뜹니다.

46 사슬뜨기 1코를 뜹니다.

47 다음 코는 사슬고리에 바늘을 넣어 한길긴뜨기 3코를 뜹니다.
POINT 사슬고리 아래에 바늘을 넣어 감싸듯이 뜹니다.

48 사슬뜨기 1코를 뜹니다.

49 다음 코는 사슬고리에 바늘을 넣어 한길긴뜨기 3코, 사슬뜨기 2코(세 번째 모서리), 한길긴뜨기 3코를 뜹니다.
POINT 사슬고리 아래에 바늘을 넣어 감싸듯이 뜹니다.

50 사슬뜨기 1코를 뜹니다.

51 다음 코는 사슬고리에 바늘을 넣어 한길긴뜨기 3코를 뜹니다.
POINT 사슬고리 아래에 바늘을 넣어 감싸듯이 뜹니다.

52 사슬뜨기 1코를 뜹니다.

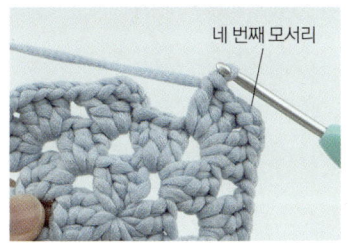

53 다음 코는 사슬고리에 바늘을 넣어 한길긴뜨기 3코, 사슬뜨기 2코(네 번째 모서리), 한길긴뜨기 3코를 뜹니다.
POINT 사슬고리 아래에 바늘을 넣어 감싸듯이 뜹니다.

54 사슬뜨기 1코를 뜹니다.

55 첫 번째 코(기둥코)의 세 번째 사슬반코와 코산 2가닥에 바늘을 넣고 실을 걸어 한번에 빼냅니다(빼뜨기).
POINT 한길긴뜨기의 첫 코는 기둥코(사슬 3코)입니다.

56 3단이 완성되었습니다.

● 마지막 단을 빼뜨기 없이 돗바늘로 마무리하는 방법

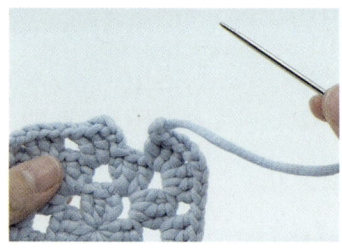

57 실을 15cm정도 길게 빼서 중심을 가위로 자릅니다.

58 실 끝을 돗바늘에 끼워줍니다.

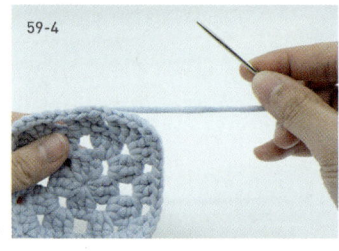
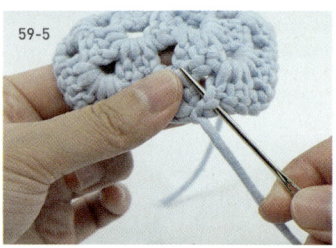

59 p.65를 참고하여 마지막 단을 빼뜨기 없이 돗바늘로 마무리하고, 남은 실을 뜨개바탕 안면에 숨겨줍니다. 숨기기 좋은 코의 다리(V모양)까지 실이 보이지 않게 걸쳐서 이동합니다. 뜨개바탕 안면 코의 다리(V모양)에 돗바늘을 3~4cm 정도 통과시켜 실을 숨긴 뒤 남은 실을 바짝 자릅니다.

타원형 모티브

● **사용한 뜨개법**

사슬뜨기, 짧은뜨기, 짧은뜨기 2코 넣어뜨기, 빼뜨기

● **도안**

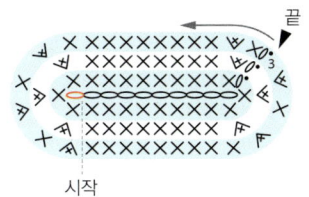

● **완성**

1 시작코로 사슬뜨기 10코를 뜹니다.

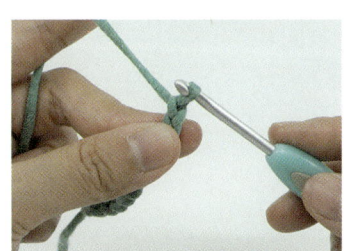

2 기둥코로 사슬뜨기 1코를 뜹니다.
POINT 짧은뜨기의 기둥코는 콧수로 세지 않습니다.

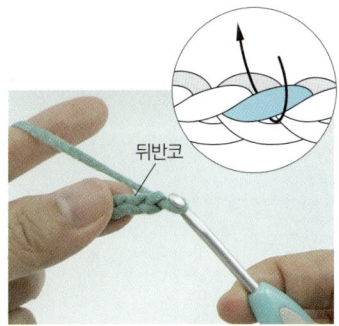

3 두 번째 사슬 뒤반코에 바늘을 넣고

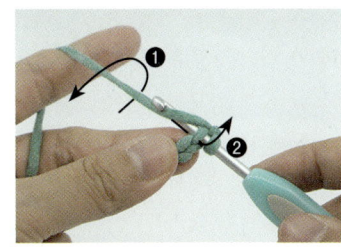

4 실을 걸어 화살표 방향으로 사슬 1코 높이만큼 빼냅니다.

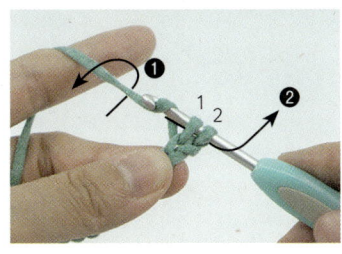

5 다시 바늘에 실을 걸어 2개의 고리로 한번에 빼냅니다.

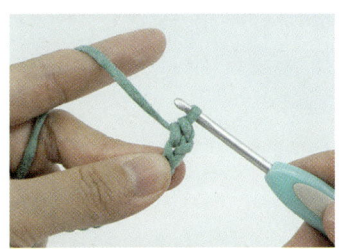

6 짧은뜨기 1코가 완성되었습니다.

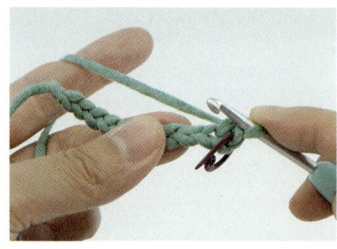
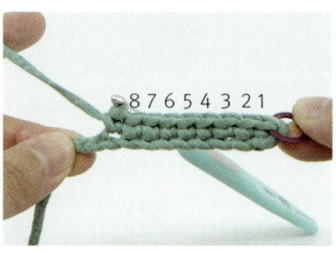

7 첫 번째 짧은뜨기 코의 머리(V모양) 2가닥에 스티치마커를 걸어 첫코를 표시합니다.

8 마지막 1코 전까지 코마다 1코씩 짧은뜨기 8코를 뜹니다.

9 마지막 코에 짧은뜨기 3코를 뜹니다.

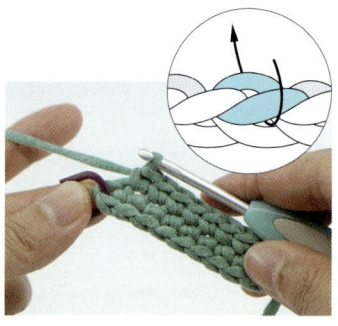

10 마지막 1코 전까지 코마다 1코씩 짧은뜨기 8코를 뜹니다.
POINT 반대편은 사슬반코와 코산 2가닥에 바늘을 넣어 짧은뜨기를 뜹니다.

11 마지막 코에 짧은뜨기 2코를 뜹니다. 양쪽으로 1코씩 늘어나서 총 22코인지 확인합니다.

12 첫 번째 코에 걸어두었던 스티치마커를 제거하고 그 코에 빼뜨기를 합니다(빼뜨기).
POINT 짧은뜨기의 첫코는 첫 번째 짧은뜨기입니다.

13 1단이 완성되었습니다.

14 `2단` 기둥코로 사슬뜨기 1코를 뜹니다.
POINT 짧은뜨기의 기둥코는 콧수로 세지 않습니다.

15 아랫단 첫 번째 코의 머리(V모양) 2가닥에 짧은뜨기 1코를 뜨고, 스티치마커를 코의 머리(V모양) 2가닥에 걸어 첫코를 표시합니다.

16 같은 코에 짧은뜨기 1코를 더 뜹니다.

17 다음 코마다 짧은뜨기 1코씩 8코를 뜹니다.

18 다음 3코에 짧은뜨기 2코씩 6코를 뜹니다.

19 마지막 2코 전까지 코마다 짧은뜨기 1코씩 8코를 뜹니다.

20 다음 코에 짧은뜨기 2코를 뜹니다.

21 마지막 코에도 짧은뜨기 2코를 뜹니다. 양쪽으로 3코씩 6코가 늘어나서 총 28코인지 확인합니다.

22 첫 번째 코에 걸어 두었던 스티치마커를 제거하고 그 코에 빼뜨기를 합니다(빼뜨기).

23 2단이 완성되었습니다.

24 `3단` 기둥코로 사슬뜨기 1코를 뜹니다.

POINT 짧은뜨기의 기둥코는 콧수를 세지 않습니다.

25 아랫단 첫 번째 코의 머리(V모양) 2가닥에 짧은뜨기 1코를 뜨고, 스티치마커를 코의 머리(V모양) 2가닥에 걸어 첫코를 표시 합니다.

26 다음 코에 짧은뜨기 2코를 뜹니다.

27 다음 코마다 짧은뜨기 1코씩 8코를 뜹니다.

28 다음 코에 짧은뜨기 1코를 뜹니다.

29 다음 코에 짧은뜨기 2코를 뜹니다.

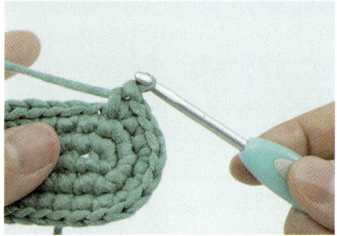

30 과정 28~29번을 두 번 더 반복합니다.

31 마지막 4코 전까지 코마다 짧은뜨기 1코씩 8코를 뜹니다.

32 과정 28~29번을 두 번 반복합니다. 양쪽으로 3코씩 6코가 늘어나서 총 34코인지 확인합니다.

33 첫 번째 코에 걸어 두었던 스티치마커를 제거하고 그 코에 빼뜨기를 합니다(빼뜨기).

POINT 짧은뜨기의 첫코는 첫 번째 짧은뜨기입니다.

34 3단이 완성되었습니다. 실을 15cm 정도 길게 빼서 중심을 가위로 자릅니다.

35 남은 실은 뜨개바탕의 안면에 숨기는데, 숨기기 좋은 코의 다리(V모양)까지 실이 보이지 않게 걸쳐서 이동합니다.

36 실 끝을 돗바늘에 끼워 뜨개바탕의 안면인 코의 다리(V모양)에 3~4cm 정도 통과시켜 숨긴 뒤 실을 바짝 자릅니다.

직사각 모티브

● **사용한 뜨개법**
사슬뜨기, 짧은뜨기, 빼뜨기

● **도안**

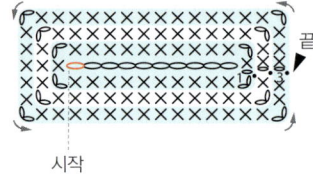

● **완성**

1 시작코로 사슬뜨기 10코를 뜹니다.

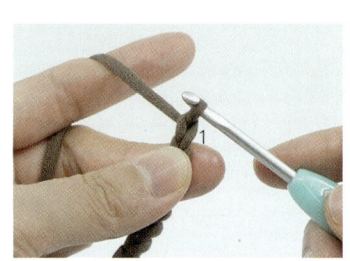

2 기둥코로 사슬뜨기 1코를 뜹니다.
POINT 짧은뜨기의 기둥코는 콧수로 세지 않습니다.

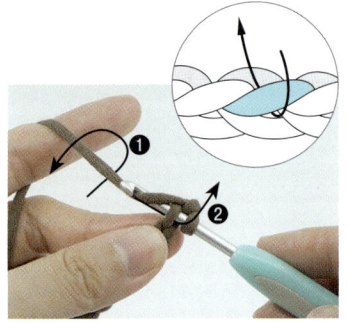

3 두 번째 사슬 뒤반코에 바늘을 넣고, 실을 걸어 화살표 방향으로 빼냅니다.

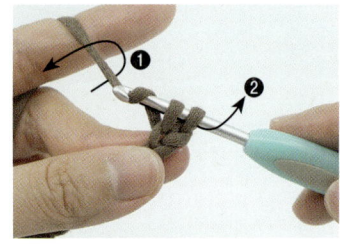

4 다시 실을 걸어 2개의 고리로 한번에 빼냅니다.

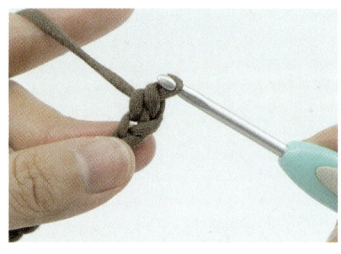

5 짧은뜨기 1코가 완성되었습니다.

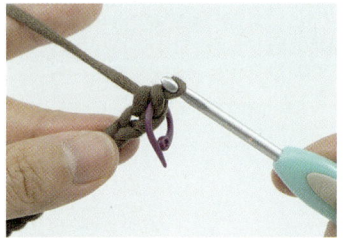

6 첫 번째 짧은뜨기 코의 머리(V모양) 2가닥에 스티치마커를 걸어 첫코를 표시합니다.

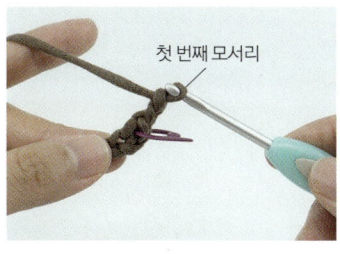
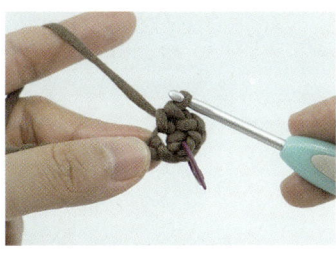

7 사슬뜨기 2코(첫 번째 모서리)를 뜹니다.

8 같은 코에 바늘을 넣어 짧은뜨기 1코를 뜹니다.

9 마지막 1코 전까지 1코씩 짧은뜨기 8코를 뜹니다.

10 마지막 코에 짧은뜨기 1코를 뜨고

11 사슬뜨기 2코(두 번째 모서리)를 뜹니다.

12 같은 코에 짧은뜨기 1코를 뜨고

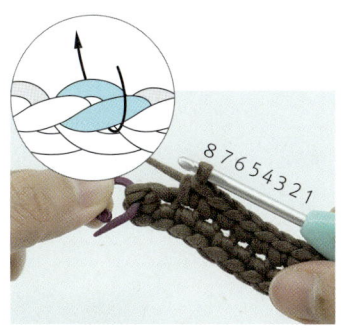

13 사슬뜨기 2코(세 번째 모서리)를 뜹니다.

14 같은 코에 짧은뜨기 1코를 뜹니다.

15 마지막 1코 전까지 코마다 1코씩 짧은뜨기 8코를 뜹니다.
POINT 반대편은 사슬반코와 코산 2가닥에 바늘을 넣어 짧은뜨기를 뜹니다.

16 마지막 코에 짧은뜨기 1코를 뜹니다.

17 사슬뜨기 2코(네 번째 모서리)를 뜹니다. 양쪽으로 1코씩 2코가 늘어나서 총 22코인지 확인합니다.

18 첫 번째 코에 걸어 두었던 스티치마커를 제거하고 그 코에 빼뜨기를 합니다(빼뜨기).
POINT 짧은뜨기의 첫코는 첫 번째 짧은뜨기입니다.

19 1단이 완성되었습니다.

20 2단 기둥코로 사슬뜨기 1코를 뜹니다.
POINT 짧은뜨기의 기둥코는 콧수를 세지 않습니다.

21 아랫단 첫 번째 코의 머리(V모양) 2가닥에 짧은뜨기 1코를 뜨고, 스티치마커를 코의 머리(V모양) 2가닥에 걸어 첫코를 표시합니다.

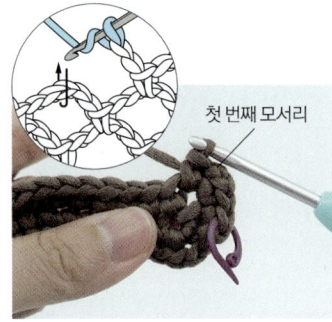

22 다음 코는 사슬고리에 바늘을 넣어 짧은뜨기 1코, 사슬뜨기 2코(첫 번째 모서리), 짧은뜨기 1코를 뜹니다.
POINT 사슬고리 아래에 바늘을 넣어 감싸듯이 뜹니다.

23 다음 코마다 짧은뜨기 1코씩 10코를 뜹니다.

24 다음 코는 사슬고리에 바늘을 넣어 짧은뜨기 1코, 사슬뜨기 2코(두 번째 모서리), 짧은뜨기 1코를 뜹니다.
POINT 사슬고리 아래에 바늘을 넣어 감싸듯이 뜹니다.

25 다음 코에 짧은뜨기 1코를 뜹니다.

26 다음 코는 사슬고리에 바늘을 넣어 짧은뜨기 1코, 사슬뜨기 2코(세 번째 모서리), 짧은뜨기 1코를 뜹니다.
POINT 사슬고리 아래에 바늘을 넣어 감싸듯이 뜹니다.

27 다음 코마다 짧은뜨기 1코씩 10코를 뜹니다.

28 다음 코는 사슬고리에 바늘을 넣어 짧은뜨기 1코, 사슬뜨기 2코(네 번째 모서리), 짧은뜨기 1코를 뜹니다. 양쪽으로 4코씩 8코가 늘어나서 총 30코인지 확인합니다.

29 첫 번째 코에 걸어 두었던 스티치마커를 제거하고 그 코에 빼뜨기를 합니다(빼뜨기).
POINT 짧은뜨기의 첫코는 첫 번째 짧은뜨기입니다.

30 2단이 완성되었습니다.

31 `3단` 기둥코로 사슬뜨기 1코를 뜹니다.
POINT 짧은뜨기의 첫코는 첫 번째 짧은뜨기입니다.

32 아랫단 첫 번째 코의 머리(V모양) 2가닥에 짧은뜨기 1코를 뜨고, 스티치마커를 걸어 첫코를 표시합니다.

33 다음 코에 짧은뜨기 1코를 뜹니다.

34 다음 코는 사슬고리에 바늘을 넣어 짧은뜨기 1코, 사슬뜨기 2코(첫 번째 모서리), 짧은뜨기 1코를 뜹니다.
POINT 사슬고리 아래에 바늘을 넣어 감싸듯이 뜹니다.

35 다음 코마다 짧은뜨기 1코씩 12코를 뜹니다.

36 다음 코는 사슬고리에 바늘을 넣어 짧은뜨기 1코, 사슬뜨기 2코(두 번째 모서리), 짧은뜨기 1코를 뜹니다.
POINT 사슬고리 아래에 바늘을 넣어 감싸듯이 뜹니다.

37 다음 코마다 짧은뜨기 1코씩 3코를 뜹니다.

38 다음 코는 사슬고리에 바늘을 넣어 짧은뜨기 1코, 사슬뜨기 2코(세 번째 모서리), 짧은뜨기 1코를 뜹니다.
POINT 사슬고리 아래에 바늘을 넣어 감싸듯이 뜹니다.

39 다음 코마다 짧은뜨기 1코씩 12코를 뜹니다.

40 다음 코는 사슬고리에 바늘을 넣어 짧은뜨기 1코, 사슬뜨기 2코(네 번째 모서리), 짧은뜨기 1코를 뜹니다.
POINT 사슬고리 아래에 바늘을 넣어 감싸듯이 뜹니다.

41 다음 코에 짧은뜨기 1코를 뜹니다. 양쪽으로 4코씩 8코가 늘어나 총 38코인지 확인합니다.

42 첫 번째 코에 걸어 두었던 스티치마커를 제거하고 그 코에 빼뜨기를 합니다(빼뜨기).
POINT 짧은뜨기의 첫코는 첫 번째 짧은뜨기입니다.

43 3단이 완성되었습니다. 실을 15cm 정도 길게 빼서 중심을 가위로 자릅니다.

44 남은 실은 뜨개바탕의 안면에 숨기는데, 숨기기 좋은 코의 다리(V모양)까지 실이 보이지 않게 걸쳐서 이동합니다.

45 실 끝을 돗바늘에 끼워 뜨개바탕의 안면 코의 다리(V모양)에 3~4cm정도 통과시켜 숨긴 뒤 실을 바짝 자릅니다.

코바늘 손뜨개 모티브 연결하기

돗바늘로 반코씩 감아 연결하는 방법 I 돗바늘로 한코씩 감아 연결하는 방법 I 짧은뜨기로 뜨면서 연결하는 방법 I 마지막 단을 뜨면서 짧은뜨기로 연결하는 방법

돗바늘로 반코씩 감아 연결하는 방법

모티브를 돗바늘로 반코씩 감아 연결하면 실이 도드라져 보이지 않습니다.

1 모티브 4장과 모티브 면의 2배 정도가 되는 길이의 실을 준비하여 돗바늘에 끼웁니다.

2 첫 번째 모티브 모서리의 사슬 2코 중에 위쪽 사슬 바깥쪽 반코에 바늘을 넣어 빼냅니다.

3 두 번째 모티브의 사슬 바깥쪽 반코와 첫 번째 모티브의 사슬 바깥쪽 반코에 바늘을 넣어 빼냅니다. 울지 않게 적당히 당겨줍니다.

4 첫 번째 사슬코가 연결되었고, 다음에는 양쪽 한길긴뜨기 코의 머리(V모양) 반코에 바늘을 넣어 감침질을 합니다. 사슬 2코중에 사슬 1코까지만 연결합니다. 나머지 사슬 1코는 반대편에서 연결합니다.

5 다음 2장의 모티브도 연달아 연결합니다. 이때 간격이 벌어지지 않게 적당히 당겨줍니다.

6 모티브가 사선으로 연결이 되었습니다.

7 반대편도 같은 방법으로 모티브 중심까지 감침질을 합니다.

8 나머지 모티브도 연달아 대칭으로 감침질합니다. 4장의 모티브가 모이는 중심이 X자로 교차됩니다.

9 4장의 모티브가 모두 연결되었습니다.

돗바늘로 한코씩 감아 연결하는 방법

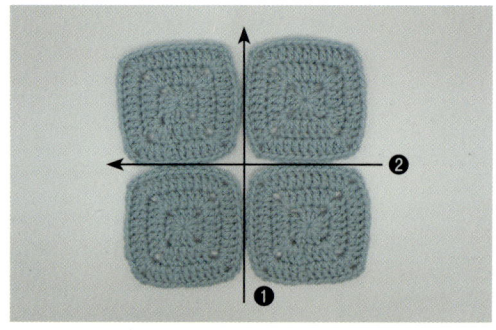

1 모티브 4장과 모티브 면의 2배 정도 되는 길이의 실을 준비하여 돗바늘에 끼웁니다.

2 첫 번째 모티브의 모서리 사슬 2코 중 위쪽의 사슬머리에 바늘을 넣어 빼냅니다.

3 두 번째 모티브 사슬머리와 첫 번째 모티브 사슬머리에 바늘을 넣어 빼냅니다. 울지 않게 적당히 당겨줍니다.

4 첫 번째 사슬코가 연결되었고, 다음에는 양쪽 한길긴뜨기 코의 머리(V모양) 2가닥에 바늘을 넣어 감침질을 합니다. 사슬 2코 중 사슬 1코까지만 연결합니다. 나머지 사슬 1코는 반대편에서 연결합니다.

5 다음 2장의 모티브도 연달아 연결합니다. 이때 간격이 벌어지지 않게 적당히 당겨줍니다.

6 모티브가 사선으로 연결되었습니다.

7 반대편도 같은 방법으로 모티브 중심까지 연결합니다.

8 나머지 모티브도 연달아 대칭으로 연결합니다. 4장의 모티브가 모이는 중심이 X자로 교차됩니다.

9 4장의 모티브가 모두 연결되었습니다.

짧은뜨기로 뜨면서 연결하는 방법

1 모티브 4장과 바늘을 연결할 실을 준비합니다.

2 모티브 2장의 안과 안을 맞대고 모서리 사슬 2코 중에 안쪽에 있는 각각의 사슬반코에 바늘을 넣어줍니다.

3 사슬뜨기 1코와 짧은뜨기 1코를 뜹니다.

4 첫 번째 사슬코가 연결되었고, 다음에는 양쪽 한길긴뜨기 코의 머리(V모양) 반코에 바늘을 넣어 짧은뜨기를 뜹니다. 계속해서 대칭으로 연결합니다. 사슬 2코 중에 사슬 1코까지만 연결합니다. 나머지 사슬 1코는 반대편에서 연결합니다.

5 다음 2장의 모티브도 연달아 연결합니다. 이때 간격이 벌어지지 않게 주의하면서 연결합니다.

6 짧은뜨기로 연결이 되었습니다.

7 반대편도 같은 방법으로 모티브 중심까지 연결합니다.

8 나머지 모티브도 연달아 대칭으로 연결합니다.

9 4장의 모티브가 모두 연결되었습니다.

마지막 단을 뜨면서 짧은뜨기로 연결하는 방법

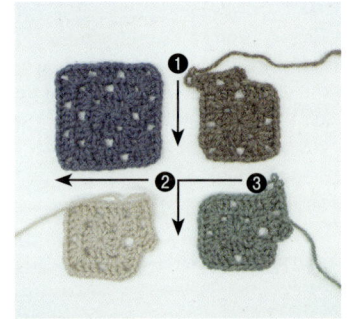

1 첫 번째 모티브는 3단까지 뜨고, 나머지 모티브 3장은 3단 첫 번째 모서리 사슬 1코 까지만 뜹니다.

2 첫 번째 모티브와 두 번째 모티브의 안과 안을 맞대어 놓습니다.

3 첫 번째 모티브 모서리 사슬고리에 바늘을 넣어
POINT 사슬고리 아래에 바늘을 넣어 감싸듯이 뜹니다.

4 짧은뜨기 1코를 뜹니다.

5 모서리에 한길긴뜨기 3코를 뜹니다.

6 뒤에 있는 모티브 사슬고리에 바늘을 넣어 짧은뜨기 1코를 뜹니다.

7 한길긴뜨기 3코를 뜹니다.

8 뒤에 있는 모티브 사슬고리에 바늘을 넣어 짧은뜨기 1코를 뜹니다.

9 한길긴뜨기 3코를 뜹니다.

10 뒤에 있는 모티브의 사슬고리에 바늘을 넣어 짧은뜨기 1코를 뜹니다.

11 사슬뜨기 1코를 뜨고, 도안대로 나머지 부분을 뜹니다.

12 2장의 모티브가 연결되었습니다.

13 세 번째 모티브도 모서리의 사슬 1코까지만 뜹니다.

14 첫 번째 모티브 모서리의 사슬고리에 바늘을 넣어

15 짧은뜨기 1코를 뜹니다.

16 모서리에 한길긴뜨기 3코를 뜹니다.

17 뒤에 있는 모티브의 사슬고리에 바늘을 넣어 짧은뜨기 1코를 뜹니다.

18 한길긴뜨기 3코를 뜹니다.

19 뒤에 있는 모티브의 사슬고리에 바늘을 넣어 짧은뜨기 1코를 뜹니다.

20 한길긴뜨기 3코를 뜹니다.

21 뒤에 있는 모티브의 사슬고리에 바늘을 넣어 짧은뜨기 1코를 뜹니다.

22 사슬뜨기 1코를 뜨고, 도안대로 나머지 부분을 뜹니다.

23 3장의 모티브가 연결되었습니다.

24 네 번째 모티브도 모서리 사슬 1코까지만 뜹니다.

25 두 번째 모티브 모서리의 사슬고리에 바늘을 넣어

26 짧은뜨기 1코를 뜹니다.

27 한길긴뜨기 3코를 뜹니다.

28 뒤에 있는 모티브의 사슬고리에 바늘을 넣어 짧은뜨기 1코를 뜹니다.

29 한길긴뜨기 3코를 뜹니다.

30 뒤에 있는 모티브의 사슬고리에 바늘을 넣어 짧은뜨기 1코를 뜹니다.

31 한길긴뜨기 3코를 뜹니다.

32 뒤에 있는 모티브의 사슬고리에 바늘을 넣어 짧은뜨기 1코를 뜨고

33 세 번째 모티브 모서리의 사슬고리에 바늘을 넣어 짧은뜨기 1코를 뜹니다.

34 모서리에 한길긴뜨기 3코를 뜹니다.

35 뒤에 있는 모티브의 사슬고리에 바늘을 넣어 짧은뜨기 1코를 뜹니다.

36 한길긴뜨기 3코를 뜹니다.

37 뒤에 있는 모티브의 사슬고리에 바늘을 넣어 짧은뜨기 1코를 뜹니다.

38 한길긴뜨기 3코를 뜹니다.

39 뒤에 있는 모티브의 사슬고리에 바늘을 넣어 짧은뜨기 1코를 뜹니다.

40 사슬뜨기 1코를 뜨고, 도안대로 나머지 부분을 뜹니다.

41 4장의 모티브가 모두 연결되었습니다.

PART 2

코바늘 손뜨개
소품 클래스

easy

티코스터 | 허니콤 멀티받침 | 미니 바구니 | 바구니 | 심플 타원형 러그 | 스툴 커버 | 보틀 커버 | 리본핀 | 솜사탕 수세미 | 허니콤 블랭킷

티코스터

동글동글한 피코가 귀여운 육각형 모양의 티코스터를 소개할게요.
차가운 음료의 물방울을 흡수해 주고, 따뜻한 음료의 보온을 유지시켜줘요.
4가지 색상을 1세트로 만들어 지인에게 마음을 전해보세요.

● 준비물

실 종류 잉카(폴리에스테르 70%, 비스코스 30%) 1볼(45g) **실 색상** 민트(10g), 연핑크(10g), 퍼플(10g), 블루(10g) **바늘** 모사용 코바늘 8호

● 완성 사이즈

지름 10cm

● 사용한 뜨개법

사슬뜨기, 빼뜨기, 짧은뜨기, 짧은뜨기 2코 넣어뜨기, 사슬 3코 피코 빼뜨기

POINT 피코는 레이스나 뜨개바탕의 가장자리에 둥근 고리 모양이 도드라지게 짜는 뜨개질을 말합니다.

● 만드는 방법

1. 손가락 원형코를 만들어 시작합니다.
2. 도안대로 1~7단까지 뜨고, 8단은 사슬 3코 피코 빼뜨기를 하면서 뜹니다.
3. 실을 숨기고, 스팀다리미로 뜨개바탕을 정리합니다.

● 도안

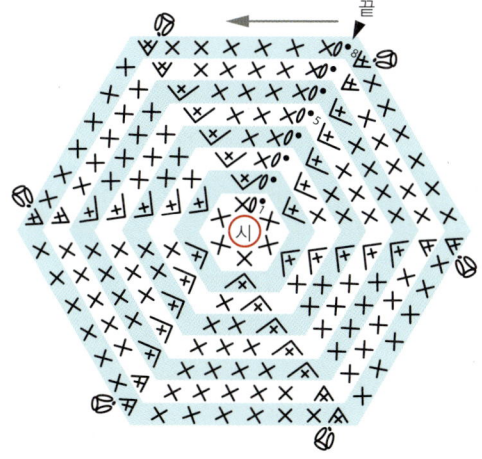

- ● 빼뜨기
- ○ 사슬뜨기
- × 짧은뜨기
- ⋎ 짧은뜨기 2코 넣어뜨기
- ◐ 사슬 3코 피코 빼뜨기
- ▶ 끝

(Check point)

- 짧은뜨기의 기둥코(사슬 1코)는 1코로 세지 않습니다.
- 짧은뜨기의 첫코는 첫 번째 짧은뜨기입니다.
- 빼뜨기는 첫 번째 짧은뜨기 코의 머리(V모양) 2가닥에 바늘을 넣어 뜹니다.

단	코
1단	6코
2단	12코(6코 증가)
3단	18코(6코 증가)
4단	24코(6코 증가)
5단	30코(6코 증가)
6단	36코(6코 증가)
7단	42코(6코 증가)
8단	48코(6코 증가)

허니콤 멀티받침

주전자나 냄비를 올려놓아도 타지 않는 소재로 만든 냄비 받침이에요.
헥사곤 형태의 기본 무늬에 살짝 변형을 줬어요.
무늬를 더 크게 작업하여 다양한 사이즈의 소품으로 활용할 수 있어요.

● **준비물**

실 종류 잉카(폴리에스테르 70%, 비스코스 30%) 1볼(45g) **실 색상** 연핑크(15g), 퍼플(15g)
바늘 모사용 코바늘 8호 **부자재** 핸드메이드 라벨

● **완성 사이즈**

지름 16cm

● **사용한 뜨개법**

사슬뜨기, 빼뜨기, 짧은뜨기, 한길긴뜨기, 한길긴뜨기 2코 넣어뜨기, 사슬 3코 피코 빼뜨기

● **만드는 방법**

1. 손가락 원형코를 만들어 시작합니다.
2. 도안대로 1~5단까지 뜨고, 6단은 사슬 3코 피코 빼뜨기를 하면서 뜹니다.
3. 실을 숨기고, 스팀다리미로 뜨개바탕을 정리합니다.

● **도안**

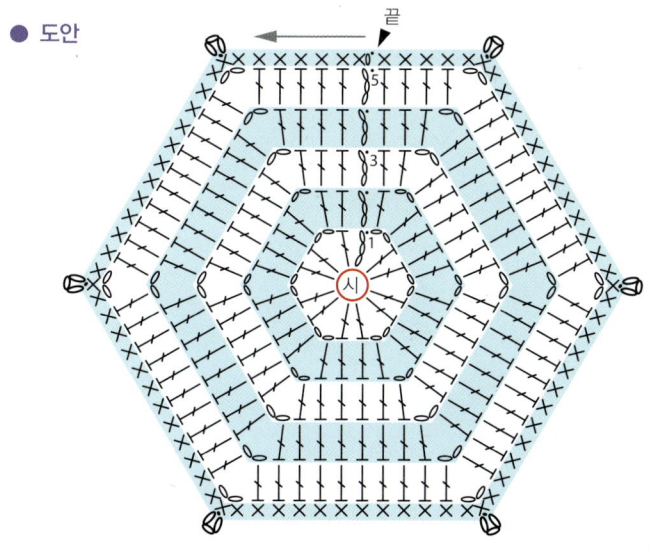

단	코
1단	12코
2단	24코(12코 증가)
3단	36코(12코 증가)
4단	48코(12코 증가)
5단	60코(12코 증가)
6단	78코

Check point 1
- 한길긴뜨기의 기둥코(사슬 3코)는 1코로 셉니다.
- 한길긴뜨기의 첫코는 기둥코(사슬 3코)입니다.
- 빼뜨기는 기둥코의 세 번째 사슬반코와 코산 2가닥에 바늘을 넣어 뜹니다.

Check point 2
- 짧은뜨기의 기둥코(사슬 1코)는 1코로 세지 않습니다.
- 짧은뜨기의 첫코는 첫 번째 짧은뜨기입니다.
- 빼뜨기는 첫 번째 짧은뜨기 코의 머리(V모양) 2가닥에 바늘을 넣어 뜹니다.

Check point 3
- 아랫단 사슬에 코를 뜰 때는 사슬고리 아래에 바늘을 넣어 감싸듯이 뜹니다.

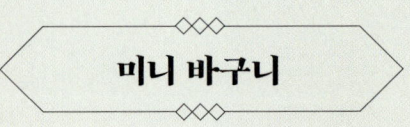

미니 바구니

쓰임새 좋은 미니 바구니를 만들어 보았어요.
자질구레한 소품을 넣어두거나 양쪽에 가방끈을 달아 미니백으로도 활용할 수 있어요.
테이블 위에 얹어 놓으면 인테리어 효과를 줄 수 있답니다.

● 준비물

실 리본얀(리사이클 코튼 100%) 1볼(250g) **실 색상** 베이지(150g), 잉크블루(150g), 머스터드(150g) **바늘** 모사용 코바늘 10호 **기타** 핸드메이드 라벨

● 게이지

9.5코 15단(10cm)

● 완성 사이즈

둘레 44cm, 높이 14cm

● 사용한 뜨개법

사슬뜨기, 빼뜨기, 짧은뜨기, 겹짧은뜨기, 짧은뜨기 2코 넣어뜨기

● 만드는 방법

1. 손가락 원형코를 만들어 시작합니다.
2. 가방 바닥은 나선형 모양으로 뜹니다. 도안대로 1~6단까지 뜹니다. 총 42코입니다.
3. 7단은 짧은뜨기로 뜨고, 8단은 겹짧은뜨기로 뜹니다. 다음 두단(7~8단)을 반복해서 26단까지 뜹니다.
   POINT 겹짧은뜨기는 전전단의 코에 바늘을 넣어 뜹니다.
4. 27~28단 손잡이를 뜨고, 빼뜨기 1단을 뜹니다.
5. 적당한 위치에 라벨을 바느질합니다.
6. 실을 숨기고, 스팀다리미로 뜨개바탕을 정리합니다.

● 도안

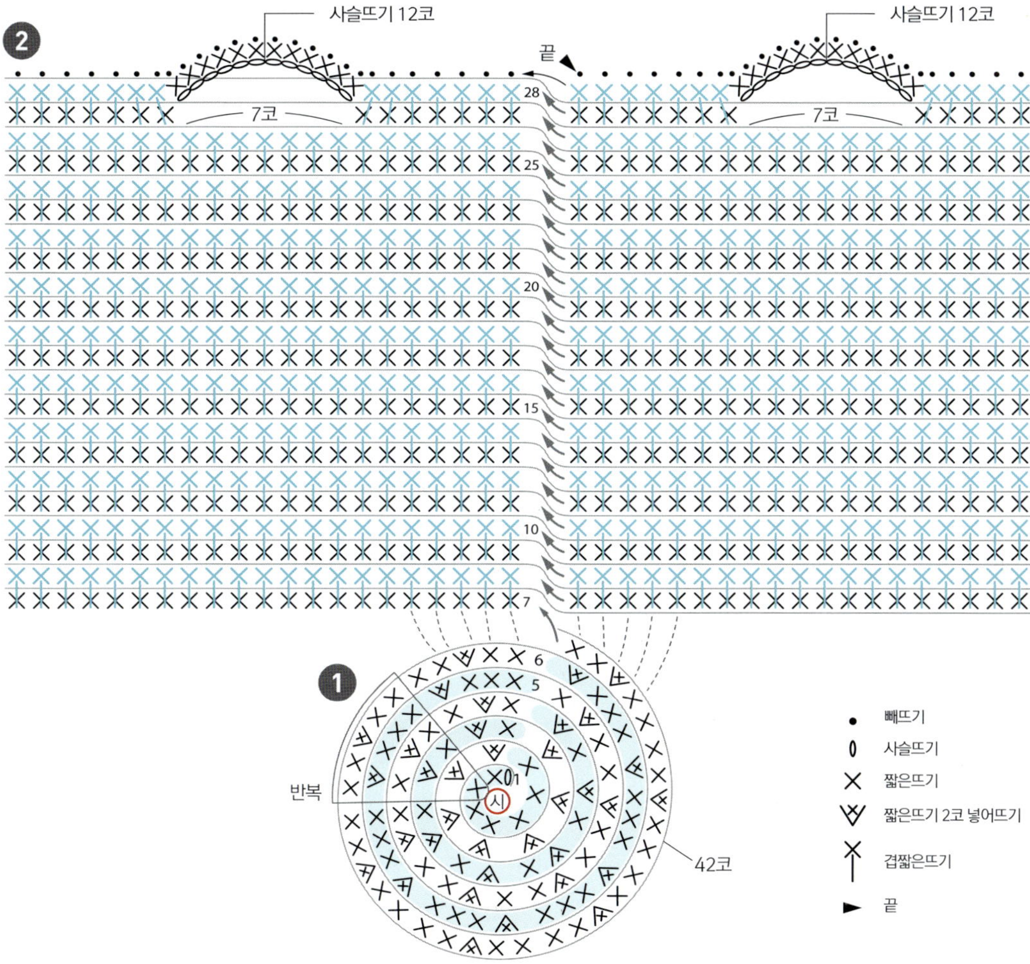

❷ 사슬뜨기 12코

Check point

28단에서 아랫단 사슬에 코를 뜰 때는
사슬고리 아래에 바늘을 넣어 감싸듯이 뜹니다.

●	빼뜨기
◯	사슬뜨기
×	짧은뜨기
⩔	짧은뜨기 2코 넣어뜨기
⨉	겹짧은뜨기
▶	끝

● 미니 바구니(바닥)

단	코
1단	7코
2단	14코(7코 증가)
3단	21코(7코 증가)
4단	28코(7코 증가)
5단	35코(7코 증가)
6단	42코(7코 증가)

● 만들기 과정

1 손가락 원형코를 만들어 시작합니다.

2 `1단` 사슬뜨기 1코와 짧은뜨기 7코를 뜹니다.

3 중심을 조여줍니다.

4 `2단` 아랫단 첫 번째 코의 머리에 짧은뜨기 1코를 뜹니다.

5 스티치마커를 걸어 첫코를 표시합니다.

6 같은 코에 짧은뜨기 1코를 더 뜹니다.

7 아랫단 코마다 짧은뜨기 2코 넣어뜨기를 6번 더 반복합니다. 총 14코입니다.

8 `3단` 아랫단 코마다 짧은뜨기 1코, 짧은뜨기 2코 넣어뜨기를 7번 반복합니다. 총 21코입니다.

9 `4단` 아랫단 코마다 짧은뜨기 1코, 짧은뜨기 2코 넣어뜨기, 짧은뜨기 2코, 짧은뜨기 2코 넣어뜨기를 6번 반복하고 짧은뜨기 1코를 뜹니다. 총 28코입니다.

10　5단　아랫단 코마다 짧은뜨기 3코, 짧은뜨기 2코 넣어뜨기를 7번 반복합니다. 총 35코입니다.

11　6단　아랫단 코마다 짧은뜨기 2코, 짧은뜨기 2코 넣어뜨기, 짧은뜨기 4코, 짧은뜨기 2코 넣어뜨기를 6번 반복하고 짧은뜨기 2코를 뜹니다. 총 42코입니다.

12　7단　짧은뜨기 42코를 뜹니다. 총 42코입니다.

13　8단　겹짧은뜨기 42코를 뜹니다. 총 42코입니다.
POINT 겹짧은뜨기는 전전단(6단)의 코에 바늘을 넣어 뜹니다.

14　8단이 완성된 모습입니다.

15　과정 12~13번(7~8단)을 반복해서 26단까지 뜹니다. 손잡이가 될 부분인 8, 14, 29, 35번째 코에 스티치마커로 표시합니다.

16　27단　손잡이를 만들기 위해 짧은뜨기 7코를 뜹니다.

17　사슬뜨기 12코를 쫀쫀하게 뜹니다.

18　아랫단 7코를 건너뛰고 다음 코부터 짧은뜨기 14코를 뜨고, 사슬뜨기 12코(반대편 손잡이)를 쫀쫀하게 뜹니다. 아랫단 7코를 건너뛰고 짧은뜨기 7코를 뜹니다.

19 28단 겹짧은뜨기 7코를 뜨고, 손잡이 부분은 사슬고리에 바늘을 넣어 짧은뜨기 12코를 뜹니다.

POINT 사슬고리 아래에 바늘을 넣어 감싸듯이 뜹니다.

20 다시 겹짧은뜨기 14코를 뜨고, 손잡이 부분은 사슬고리에 바늘을 넣어 짧은뜨기 12코, 겹짧은뜨기 7코를 뜹니다.

21 빼뜨기 1단을 뜹니다.

22 실을 15cm정도 남기고 자릅니다.

23 남은 실을 돗바늘에 끼워 왼쪽 두 번째 빼뜨기 코의 머리(V모양) 실 2가닥에 바늘을 넣어 통과시켜줍니다.

24 다시 오른쪽 마지막 빼뜨기 코의 머리(V모양) 뒤반코에 바늘을 넣어 통과시켜줍니다.

25 사슬 모양으로 연결되었습니다.

26 미니 바구니가 완성되었습니다.

바구니

패브릭얀과 점보바늘을 사용하여 쉽게 빨리 뜰 수 있는 바구니에요.
패브릭얀은 실이 굵고 가벼우면서도 뜨개바탕이 단단하게 나와서
모양이 잘 잡히는 것이 장점이랍니다. 컬러풀한 색상의 바구니는
뜨개실, 장난감, 양말 등을 예쁘게 넣어두기 좋은 인테리어 소품이에요.

● **준비물**

실 종류 파빠르(P/C 100%) 1볼(500g) **실 색상 A** 회색(300g), 흰색(100g), 하늘색(200g) **B** 회색(300g), 흰색(100g), 자주색(200g) **바늘** 점보 코바늘 10mm **부자재** 라벨

● **게이지**

5코(10cm)

● **완성 사이즈**

둘레 71cm, 높이 23cm

● **사용한 뜨개법**

사슬뜨기, 빼뜨기, 짧은뜨기, 겹짧은뜨기, 짧은뜨기 2코 넣어뜨기

● **만드는 방법**

1. 손가락 원형코를 만들어 시작합니다.
2. 가방 바닥은 나선형 모양으로 도안대로 1~6단까지 뜹니다. 총 42코입니다.
3. 7단은 짧은뜨기로 뜨고, 8단은 겹짧은뜨기로 뜹니다. 다음 7~8단을 반복해서 22단까지 뜹니다.
   POINT 겹짧은뜨기는 전전단의 코에 바늘을 넣어 뜹니다.
4. 23~24단에서 손잡이를 뜨고, 빼뜨기로 1단을 뜹니다.
5. 적당한 위치에 라벨을 바느질합니다.
6. 실을 숨기고, 스팀다리미로 뜨개바탕을 정리합니다.

● 도안

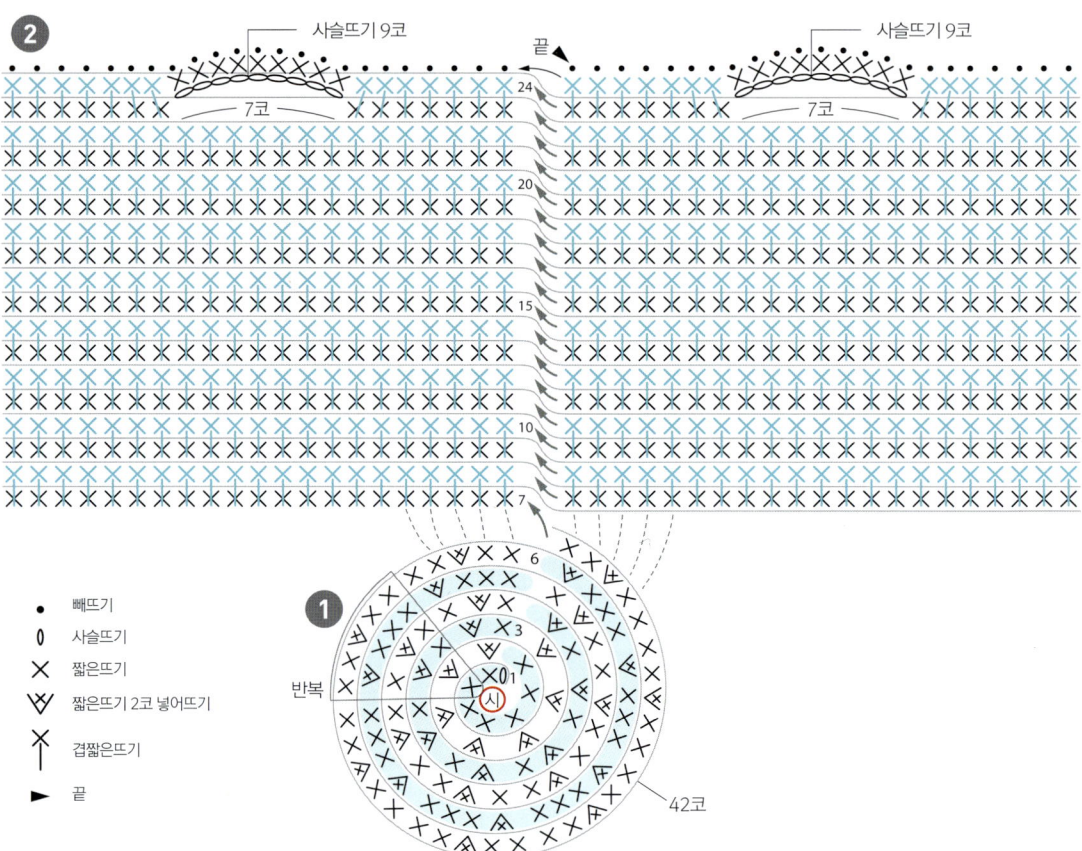

- ● 빼뜨기
- ○ 사슬뜨기
- × 짧은뜨기
- ∨ 짧은뜨기 2코 넣어뜨기
- ↑ 겹짧은뜨기
- ▶ 끝

Check point

24단에서 아랫단 사슬에 코를 뜰 때는 사슬고리 아래에 바늘을 넣어 감싸듯이 뜹니다.

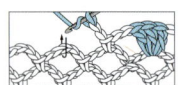

● 바닥

색	단	코
A 회색	1단	7코
A 회색	2단	14코(7코 증가)
A 회색	3단	21코(7코 증가)
A 회색	4단	28코(7코 증가)
A 회색	5단	35코(7코 증가)
A 회색	6단	42코(7코 증가)
A 회색	7~14단	
B 흰색	15~18단	
C 자주색 or 하늘색	19~24단	
C 자주색 or 하늘색	1단	빼뜨기

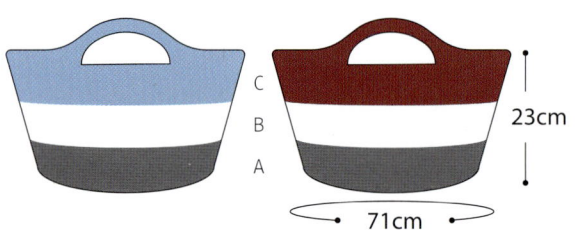

Part2 • 코바늘 손뜨개 소품 클래스

심플 타원형 러그

타원형 모티브로 만든 러그를 소개할게요.
패브릭얀으로 떠서 밟았을 때 폭신폭신한 느낌이 좋아요.
집 분위기에 어울리는 색상이나 포인트 색상으로 만들어 보세요.
현관과 욕실 앞에 놓아서 실용적으로 사용하기도 좋고 아이의 침대 앞에 놓아
포근한 분위기를 연출하기에도 좋은 아이템이에요.

● 준비물

실 종류 패브릭얀(P/C 100%) 1볼(500g) **실 색상 A** 연회색(750g)+흰색(100g), B 군청색(750g)+흰색(100g) **바늘** 점보 코바늘 10mm **부자재** 가와구찌 미끄럼 방지액

● 게이지

6코(10cm)

● 완성 사이즈

지름 70cm, 높이 47cm

● 사용한 뜨개법

사슬뜨기, 빼뜨기, 짧은 이랑뜨기, 한길긴뜨기, 한길긴뜨기 2코 넣어뜨기

● 만드는 방법

1. 시작코로 사슬뜨기 14코를 만들어 시작합니다.
2. A색상으로 1~4단까지 뜨는데, 2단 마지막 한길긴뜨기 1코는 아랫단 빼뜨기코(만들기 과정 참고)에 바늘을 넣어 뜹니다. B색상으로 바꿔 5단을 뜨고 다시 A색상으로 바꿔 6~7단까지 뜨고 8단은 짧은 이랑뜨기로 뜹니다.
3. 실을 숨기고, 스팀다리미로 뜨개바탕을 정리합니다.
4. 미끄럼 방지액을 러그 안면에 작업해줍니다.

● 도안

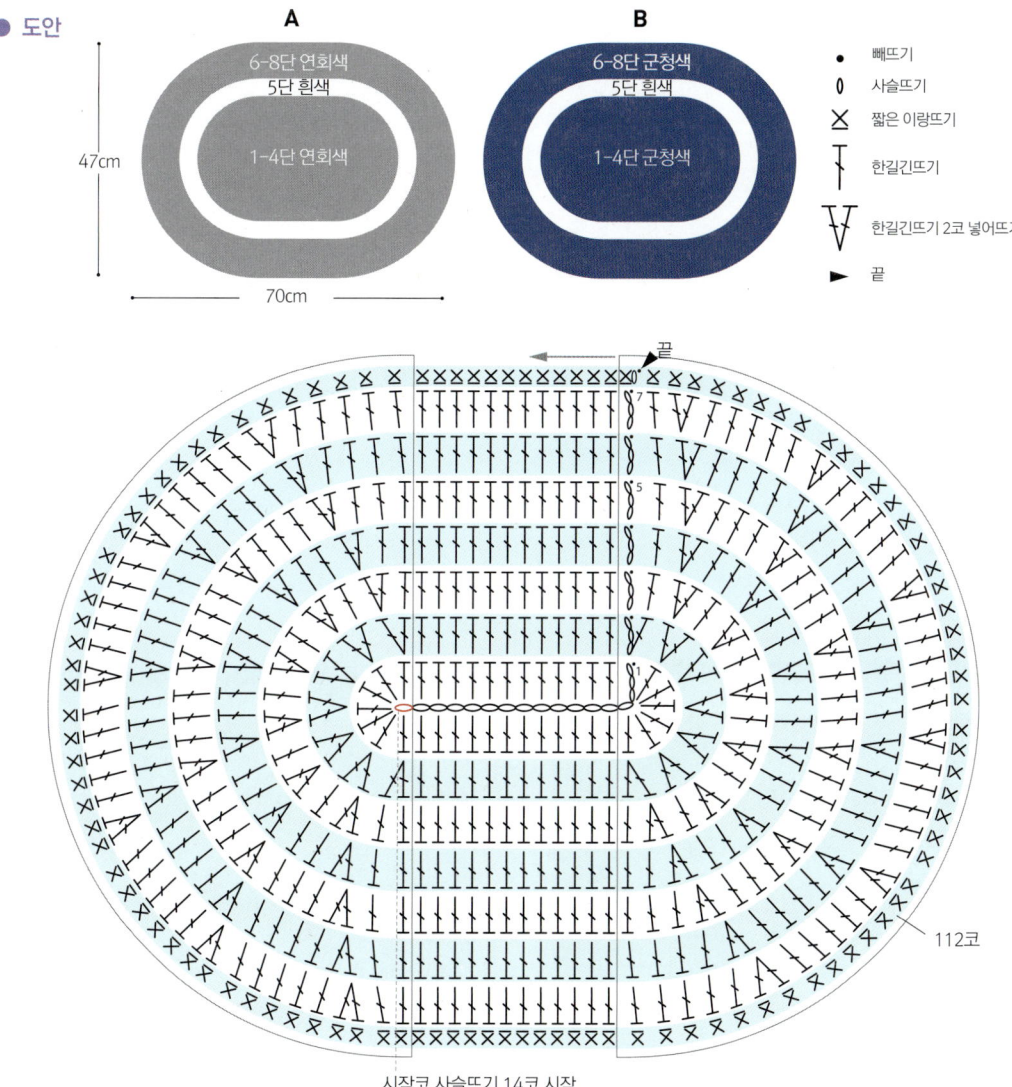

Check point 1
- 한길긴뜨기의 기둥코(사슬 3코)는 1코로 셉니다.
- 한길긴뜨기의 첫코는 기둥코(사슬 3코)입니다.
- 빼뜨기는 기둥코의 세 번째 사슬반코와 코산 2가닥에 바늘을 넣어 뜹니다.

Check point 2
- 짧은뜨기의 기둥코(사슬 1코)는 1코로 세지 않습니다.
- 짧은뜨기의 첫코는 첫 번째 짧은뜨기입니다.
- 빼뜨기는 첫 번째 짧은뜨기 코의 머리(V모양) 2가닥에 바늘을 넣어 뜹니다.

색	단	코
A 군청색·연회색	1단	38코
A 군청색·연회색	2단	52코(14코 증가)
A 군청색·연회색	3단	64코(12코 증가)
A 군청색·연회색	4단	76코(12코 증가)
B 흰색	5단	88코(12코 증가)
A 군청색·연회색	6단	100코(12코 증가)
A 군청색·연회색	7단	112코(12코 증가)
A 군청색·연회색	8단	112코

● 만들기 과정

1 2단 마지막 한길긴뜨기는 아랫단 빼뜨기코에 바늘을 넣어 뜹니다.

● 미끄럼 방지액 작업하기

1 미끄럼 방지액을 준비합니다.

2 러그 안면에 미끄럼 방지액을 한 방울씩 떨어뜨려 줍니다.

3 발이 많이 닿는 부분 위주로 방지액을 떨어뜨려 줍니다.

4 12시간이 지나면 하얀 방울이 투명해집니다.

스툴 커버

보조 의자로 활용하거나 침대 옆에 두어 사이드 테이블로 활용하고 있는
밋밋한 스툴이 있다면 옷을 입혀주세요.
특별한 기법 없이 간단한 원형뜨기만으로 계절별 다른 색상의 커버를 만들어
교체해주면 집안 분위기가 달라져요.

● **준비물**

실 종류 리본얀(리사이클 코튼 100%) 1볼(250g) **실 색상** 다크블루(230g)
바늘 모사용 코바늘 10호 **기타** 이케아 나무 스툴

● **게이지**

11코 5.5단(10cm)

● **완성 사이즈**

지름 35cm, 높이 4cm

● **사용한 뜨개법**

사슬뜨기, 빼뜨기, 짧은뜨기, 짧은 이랑뜨기, 짧은뜨기 2코 모아뜨기, 한길긴뜨기, 한길긴뜨기 2코 넣어뜨기

● **만드는 방법**

1. 손가락 원형코를 만들어 시작합니다.
2. 도안대로 1~9단까지 뜹니다. 총 126코입니다. 10~13단까지 옆면을 뜹니다.
3. 빼뜨기로 1단을 뜹니다.
4. 실을 숨기고, 스팀다리미로 뜨개바탕을 정리합니다.

Check point 1

- 한길긴뜨기의 기둥코(사슬 3코)는 1코로 셉니다.
- 한길긴뜨기의 첫코는 기둥코(사슬 3코)입니다.
- 빼뜨기는 기둥코의 세 번째 사슬반코와 코산 2가닥에 바늘을 넣어 뜹니다.

Check point 2

- 짧은뜨기의 기둥코(사슬 1코)는 1코로 세지 않습니다.
- 짧은뜨기의 첫코는 첫 번째 짧은뜨기입니다.
- 빼뜨기는 첫 번째 짧은뜨기 코의 머리(V모양) 2가닥에 바늘을 넣어 뜹니다.

● 도안

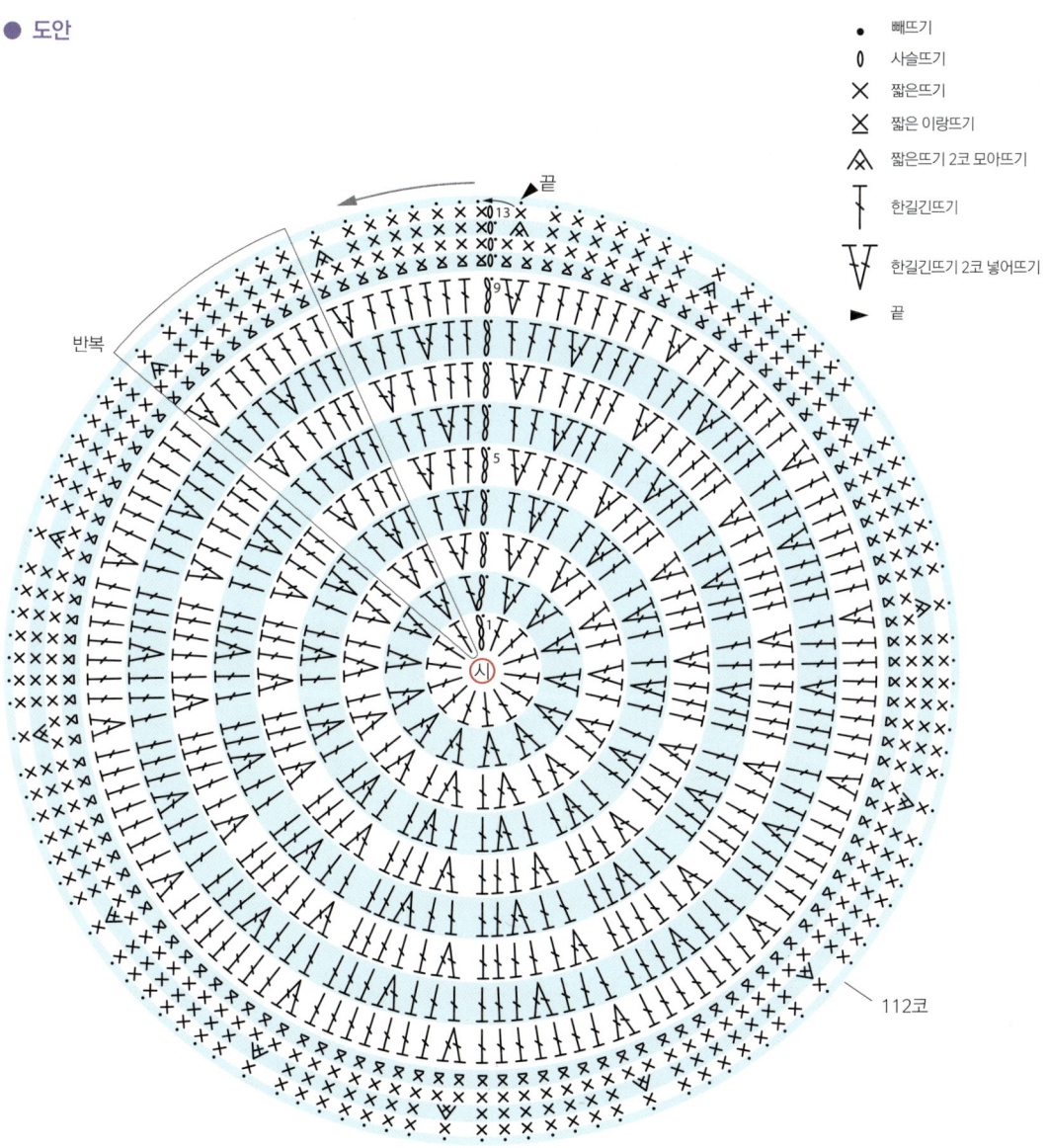

단	코
1단	14코
2단	28코(14코 증가)
3단	42코(14코 증가)
4단	56코(14코 증가)
5단	70코(14코 증가)
6단	84코(14코 증가)
7단	98코(14코 증가)
8단	112코(14코 증가)
9단	126코(14코 증가)
10~11단	126코
12단	112코(14코 감소)
13단	112코

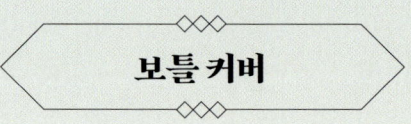

더운 여름에 필수인 보틀 커버를 소개할게요.
코튼실로 제작해 흡수성을 높이고 끈을 달아 활동성을 높였어요.
보틀 사이즈에 딱 맞게 또는 조금 작게 뜨는 것이 포인트랍니다.
요즘 많이 사용하는 텀블러 워머로 사용하셔도 좋아요.

● **준비물**

실 종류 코튼필드(면 100%) 1볼(80g) **실 색상** 네이비(50g), 블루(50g), 민트(50g) **바늘** 모사용 코바늘 5호 **기타** 보틀(물병)

● **게이지**

26코(10cm)

● **완성 사이즈**

바닥 지름 6cm, 둘레 18cm, 높이 16cm

● **사용한 뜨개법**

사슬뜨기, 빼뜨기, 짧은뜨기, 짧은뜨기 2코 넣어뜨기, 짧은 이랑뜨기

● **보틀 커버 A 만드는 방법**

1. 손가락 원형코를 만들어 바닥을 뜨기 시작합니다.
   도안대로 8단까지 바닥을 뜹니다. 총 48코입니다.
2. 옆면 9단은 짧은 이랑뜨기로 뜨고, 48단까지 짧은뜨기로 뜹니다.
   49단에서 끈 구멍을 만들고, 다시 51단까지 뜹니다.
3. 빼뜨기로 1단을 뜹니다.
4. 스레드 끈을 만드는 방법으로 120cm 끈을 만들어 양쪽 구멍에 넣어 묶어줍니다.

50단에서 아랫단 사슬에 코를 뜰 때는 사슬고리 아래에 바늘을 넣어 감싸듯이 뜹니다.

● 도안

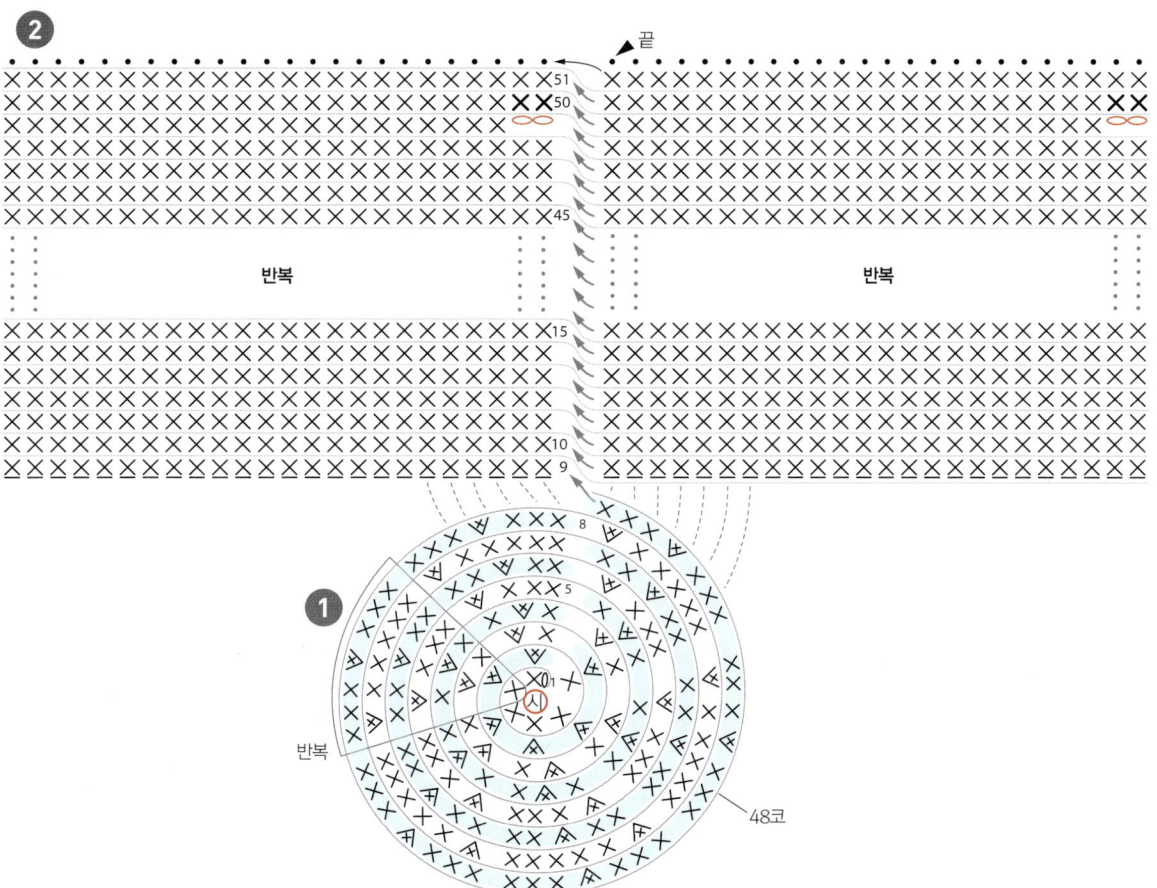

● 보틀 커버A (바닥)

단	코
1단	6코
2단	12코(6코 증가)
3단	18코(6코 증가)
4단	24코(6코 증가)
5단	30코(6코 증가)
6단	36코(6코 증가)
7단	42코(6코 증가)
8단	48코(6코 증가)

- ● 빼뜨기
- 0 사슬뜨기
- × 짧은뜨기
- ⊼ 짧은 이랑뜨기
- ⋎ 짧은뜨기 2코 넣어뜨기
- ▶ 끝

● 보틀 커버 B 만드는 방법

1. 손가락 원형코를 만들어 시작합니다. 바닥은 나선형 모양으로 뜹니다.
   도안대로 1~8단까지 바닥을 뜹니다. 총 48코입니다.
2. 옆면은 42단까지 짧은 이랑뜨기로 뜨고, 43단에서 끈 구멍을 만든 뒤 다시 45단까지 뜹니다.
3. 빼뜨기로 1단을 뜹니다.
4. 스레드 끈을 만드는 방법으로 120cm 끈을 만들어 양쪽 구멍에 넣어 묶어줍니다.

Check point

44단에서 아랫단 사슬에 코를 뜰 때는 사슬고리 아래에 바늘을 넣어 감싸듯이 뜹니다.

● 도안

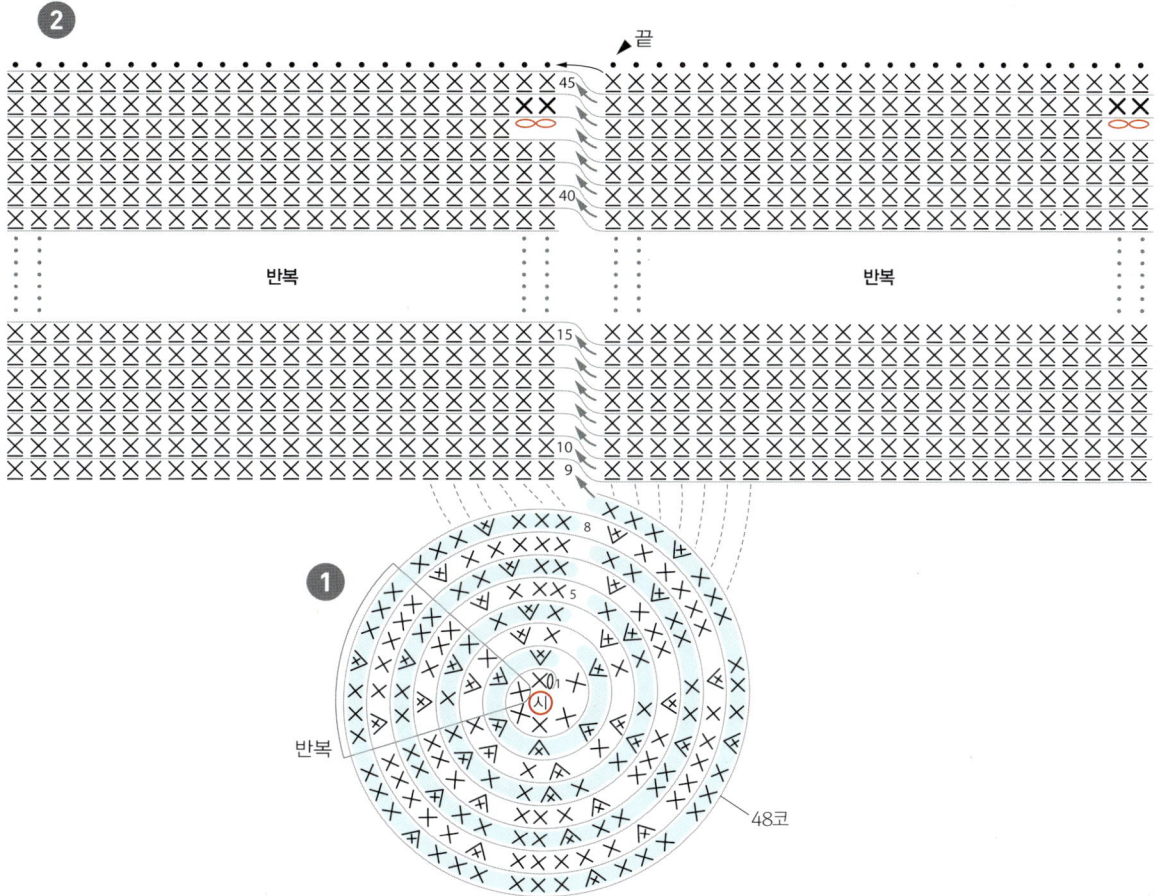

● 보틀 커버 B(바닥)

단	코
1단	6코
2단	12코(6코 증가)
3단	18코(6코 증가)
4단	24코(6코 증가)
5단	30코(6코 증가)
6단	36코(6코 증가)
7단	42코(6코 증가)
8단	48코(6코 증가)

- ● 빼뜨기
- ○ 사슬뜨기
- × 짧은뜨기
- ⋉ 짧은 이랑뜨기
- ⋎ 짧은뜨기 2코 넣어뜨기
- ▶ 끝

● 보틀 커버 C 만드는 법

1. 손가락 원형코를 만들어 시작합니다. 도안대로 1~4단까지 바닥을 뜹니다. 총 48코입니다.
2. 옆면 5단은 한길긴 이랑뜨기로 뜨고, 22단까지 한길긴뜨기로 뜹니다. 23단에서 끈 구멍을 만들고, 다시 24단까지 뜹니다.
3. 빼뜨기로 1단을 뜹니다.
4. 스레드 끈을 만드는 방법으로 120cm 끈을 만들어 양쪽 구멍에 넣어 묶어 줍니다.

> Check point 1

- 한길긴뜨기의 기둥코(사슬 3코)는 1코로 셉니다.
- 한길긴뜨기의 첫코는 기둥코(사슬 3코)입니다.
- 빼뜨기는 기둥코의 세 번째 사슬반코와 코산 2가닥에 바늘을 넣어 뜹니다.

> Check point 2

- 24단에서 아랫단 사슬에 코를 뜰 때는 사슬고리 아래에 바늘을 넣어 감싸듯이 뜹니다.

● 도안

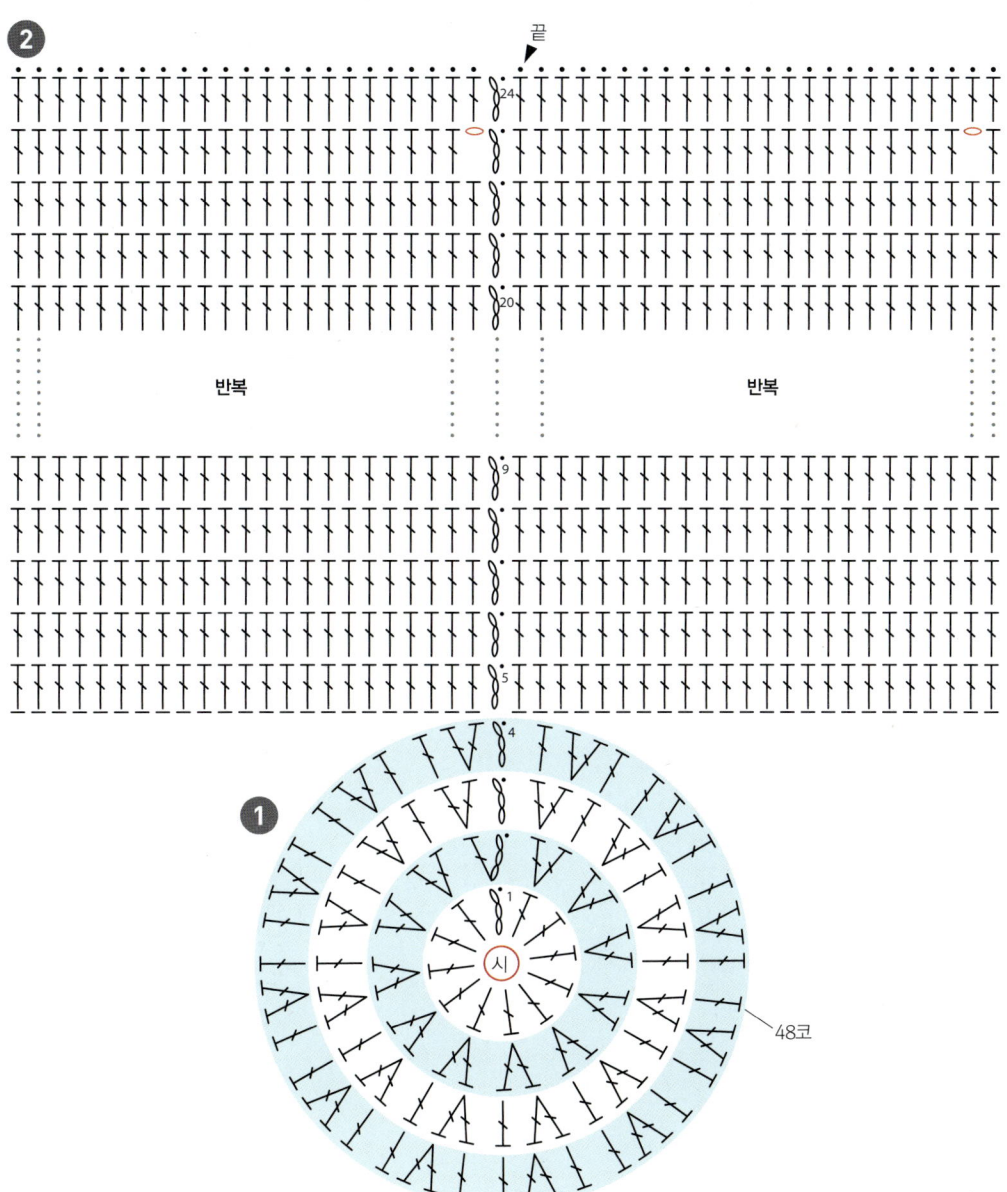

● 보틀 커버 C(바닥)

단	코
1단	12코
2단	24코(12코 증가)
3단	36코(12코 증가)
4단	48코(12코 증가)

- ● 빼뜨기
- ○ 사슬뜨기
- × 짧은뜨기
- × 짧은 이랑뜨기
- ▶ 끝
- ┬ 한길긴뜨기
- V 한길긴뜨기 2코 넣어뜨기

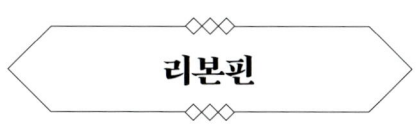

리본핀

여자 아이들이 좋아하는 귀엽고 깜찍한 리본을 라피아 느낌의 소재로 만들어 보았어요.
라피아 느낌의 소재는 색상이 선명할 뿐만 아니라 가볍고 내추럴한 여름 느낌이 납니다.
시원한 소재의 선드레스에 센스 있게 매칭해보세요.

● **준비물**

실 종류 에코안다리아(비스코스 100%) 1볼(40g) **실 색상** 빨강(5g), 핑크(5g), 그린(5g), 소라(5g), 민트(5g) **바늘** 모사용 코바늘 6호 **부자재** 핀대 5cm, 글루건

● **완성 사이즈**

가로 3.5cm, 세로 2cm

● **사용한 뜨개법**

사슬뜨기, 빼뜨기, 두길긴뜨기

● **만드는 방법**

1. 손가락 원형코를 만들어 시작합니다.
2. 도안대로 사슬뜨기 4코를 뜨고 두길긴뜨기 3코를 뜹니다. 다음 사슬뜨기 3코를 뜨고 원형코에 빼뜨기를 합니다. 다시 사슬뜨기 4코를 뜨고 두길긴뜨기 3코를 뜹니다. 다시 사슬뜨기 3코를 뜨고 원형코에 빼뜨기를 합니다.
3. 남은 실로 리본 중심을 적당히 감아줍니다.
4. 실을 숨기고, 스팀다리미로 뜨개바탕을 정리합니다.
5. 핀대에 글루건을 이용해 리본을 붙입니다.

● **도안**

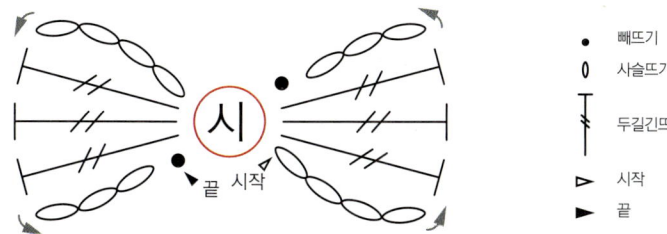

솜사탕 수세미

입체적이고 동글동글한 모양의 수세미는 그립감이 좋고 거품도 풍성하게 나요.
투명한 비닐백에 리본으로 포장하면 센스 넘치는 좋은 선물이 된답니다.

● **준비물**

실 종류 퐁퐁수세미(폴리 100%) 1볼(90g) **실 색상** 연핑크(20g), 머스타드(20g), 연하늘(20g), 카키(20g), 그린(20g) **바늘** 모사용 7호 코바늘

● **완성 사이즈**

지름 10cm

● **사용한 뜨개법**

사슬뜨기, 빼뜨기, 짧은뜨기, 한길긴뜨기, 한길긴뜨기 2코 넣어뜨기, 한길긴뜨기 2코 모아뜨기

● **만드는 방법**

1. 손가락 원형코를 만들어 시작합니다. 도안대로 1~5단까지 코를 늘리면서 뜹니다. 총 60코입니다. 6단은 짧은뜨기를 뜨면서 고리를 만듭니다. 7~11단까지 코를 줄이면서 뜹니다. 총 6코입니다.
2. 남은 6코는 그림처럼 코의 머리(V모양) 앞반코에 바늘을 넣어 오므려줍니다.
3. 실을 숨겨줍니다.

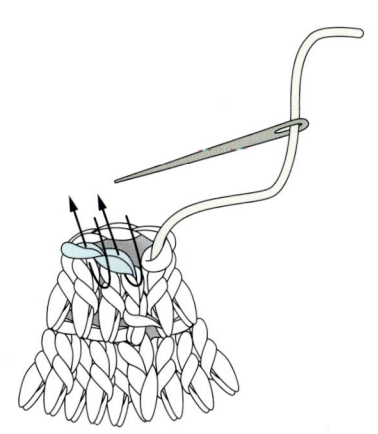

● 도안

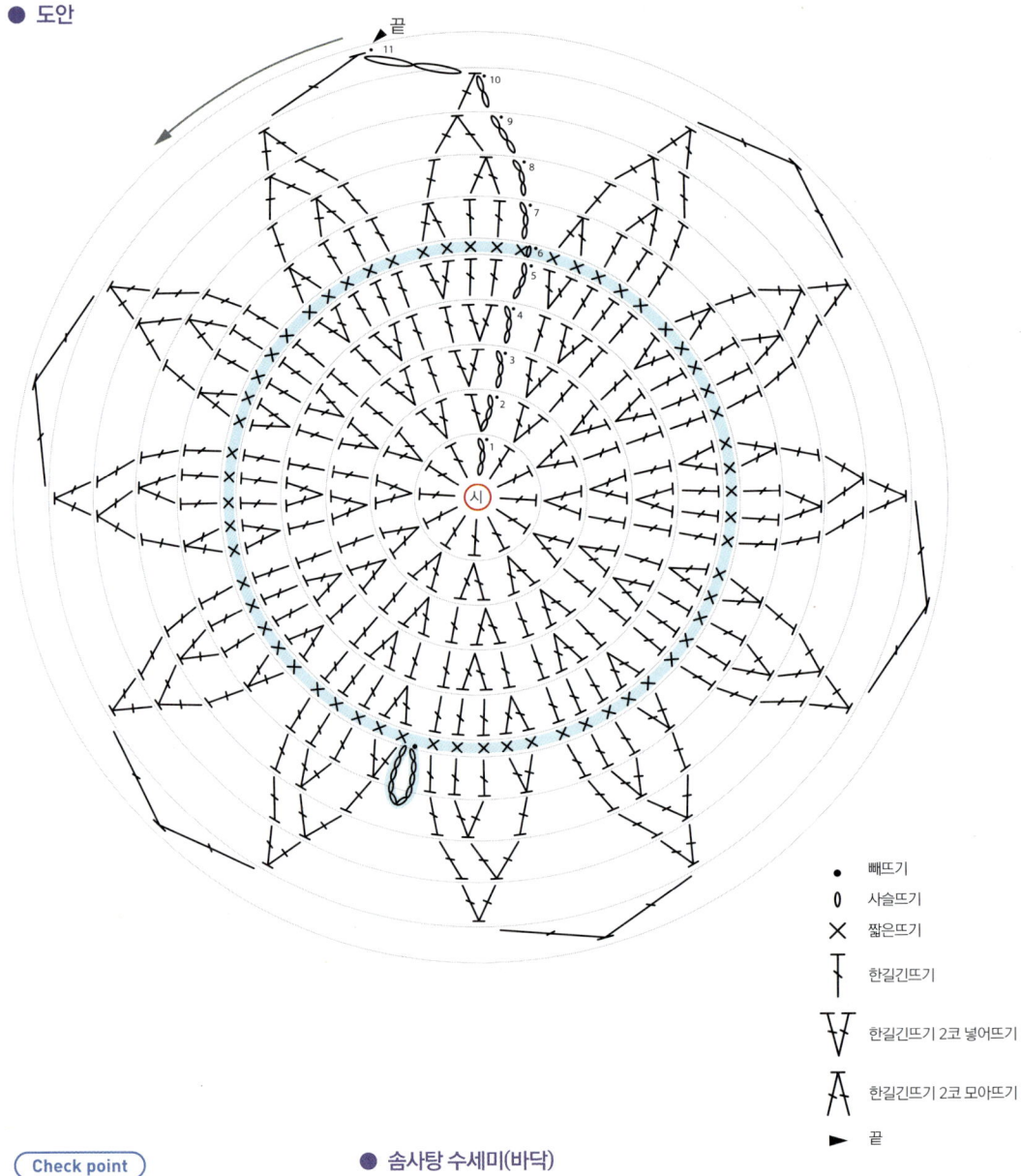

- ● 빼뜨기
- ○ 사슬뜨기
- × 짧은뜨기
- T 한길긴뜨기
- V 한길긴뜨기 2코 넣어뜨기
- A 한길긴뜨기 2코 모아뜨기
- ▶ 끝

Check point

- 6단은 짧은뜨기 30코를 뜨고 사슬뜨기 10코를 뜬 뒤 빼뜨기를 합니다. 다음 짧은뜨기 30코를 뜹니다.

● 솜사탕 수세미(바닥)

단	코
1단	12코
2단	24코(12코 증가)
3단	36코(12코 증가)
4단	48코(12코 증가)
5단	60코(12코 증가)
6단	60코

단	코
7단	48코(12코 감소)
8단	36코(12코 감소)
9단	24코(12코 감소)
10단	12코(12코 감소)
11단	6코(6코 감소)

허니콤 블랭킷

헥사곤 무늬가 반복되어 마치 벌집처럼 보이기 때문에 허니콤이라는 이름을 붙여 보았어요.
모티브를 이어 붙이는 블랭킷과 달리 뜨개바탕을 통으로 뜨기 때문에 쉽고 빠르게 작업할 수 있답니다.
울 소재의 블랭킷은 보온성이 좋아서 거실 소파에 걸쳐놓고 사용하거나 캠핑 가서 사용하기 편리해요.

● **준비물**

실 종류 엘라래클래식(울 100%) 1볼(100g) **실 색상** 데님(100g), 그린(100g), 민트(100g), 라이트데님(100g), 브라운(100g), 머스타드(100g), 베이지(100g)
바늘 모사용 코바늘 7호

● **게이지**

18코 10단(10cm)

● **완성 사이즈**

가로 80cm, 세로 86cm

● **사용한 뜨개법**

사슬뜨기, 한길긴뜨기

● **만드는 방법**

1. A색상으로 시작코 사슬뜨기 145코를 만들어 시작합니다. 1단은 시작코의 코산에 바늘을 넣어 뜹니다. 도안대로 평면뜨기(왕복뜨기)를 합니다. 1단을 뜨고 뜨개바탕을 뒤로 돌려 2단을 뜹니다.
2. A색상으로 14단, B색상으로 12단, C색상으로 12단, D색상으로 12단, E색상으로 12단, F색상으로 12단, G색상으로 13단을 뜹니다.
3. 실을 숨기고, 스팀다리미로 뜨개바탕을 정리합니다.

Check point 1
- 한길긴뜨기의 기둥코(사슬 3코)는 1코로 셉니다.

Check point 2
- 아랫단 사슬에 코를 뜰 때는 사슬고리 아래에 바늘을 넣어 감싸듯이 뜹니다.

색	단	코
A 데님	14단	145코
B 그린	12단	145코
C 민트	12단	145코
D 라이트데님	12단	145코
E 브라운	12단	145코
F 머스타드	12단	145코
G 베이지	13단	145코

● 도안

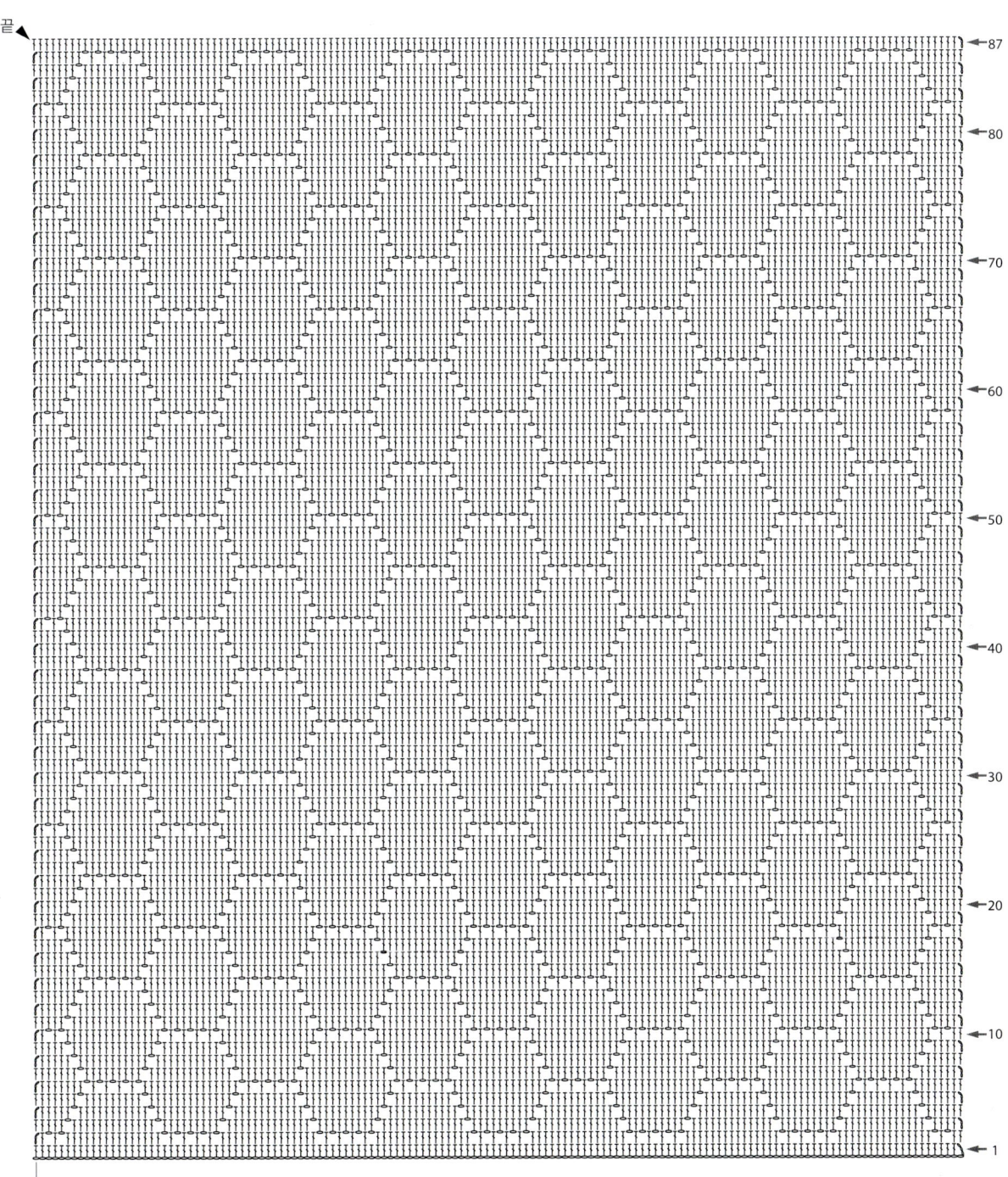

시작코 사슬뜨기 145코 시작

● 확대 도안 1

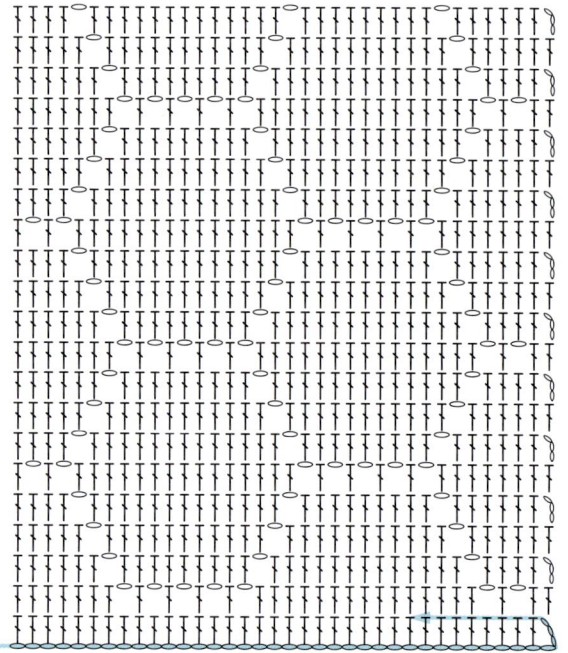

- ● 빼뜨기
- ○ 사슬뜨기
- ┬ 한길긴뜨기
- ▶ 끝

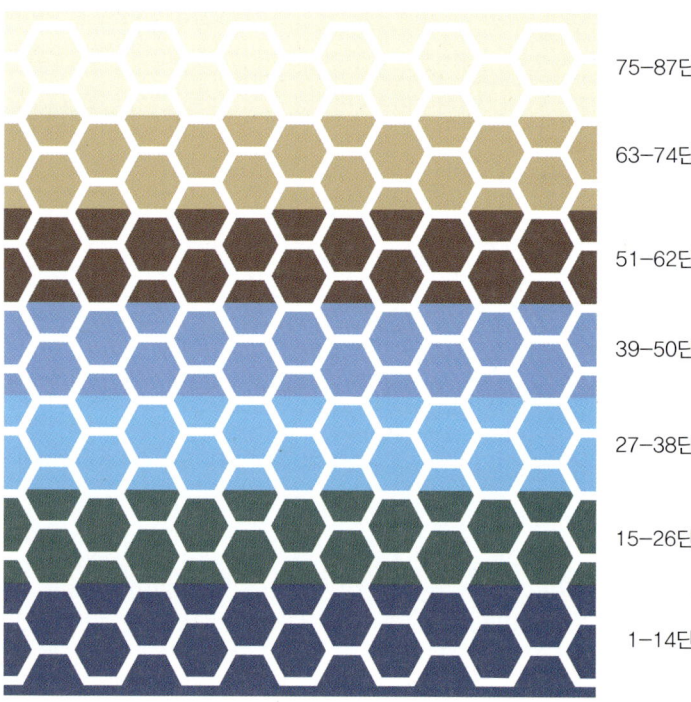

75–87단
63–74단
51–62단
39–50단
27–38단
15–26단
1–14단

Part2 • 코바늘 손뜨개 소품 클래스

● 확대 도안 2

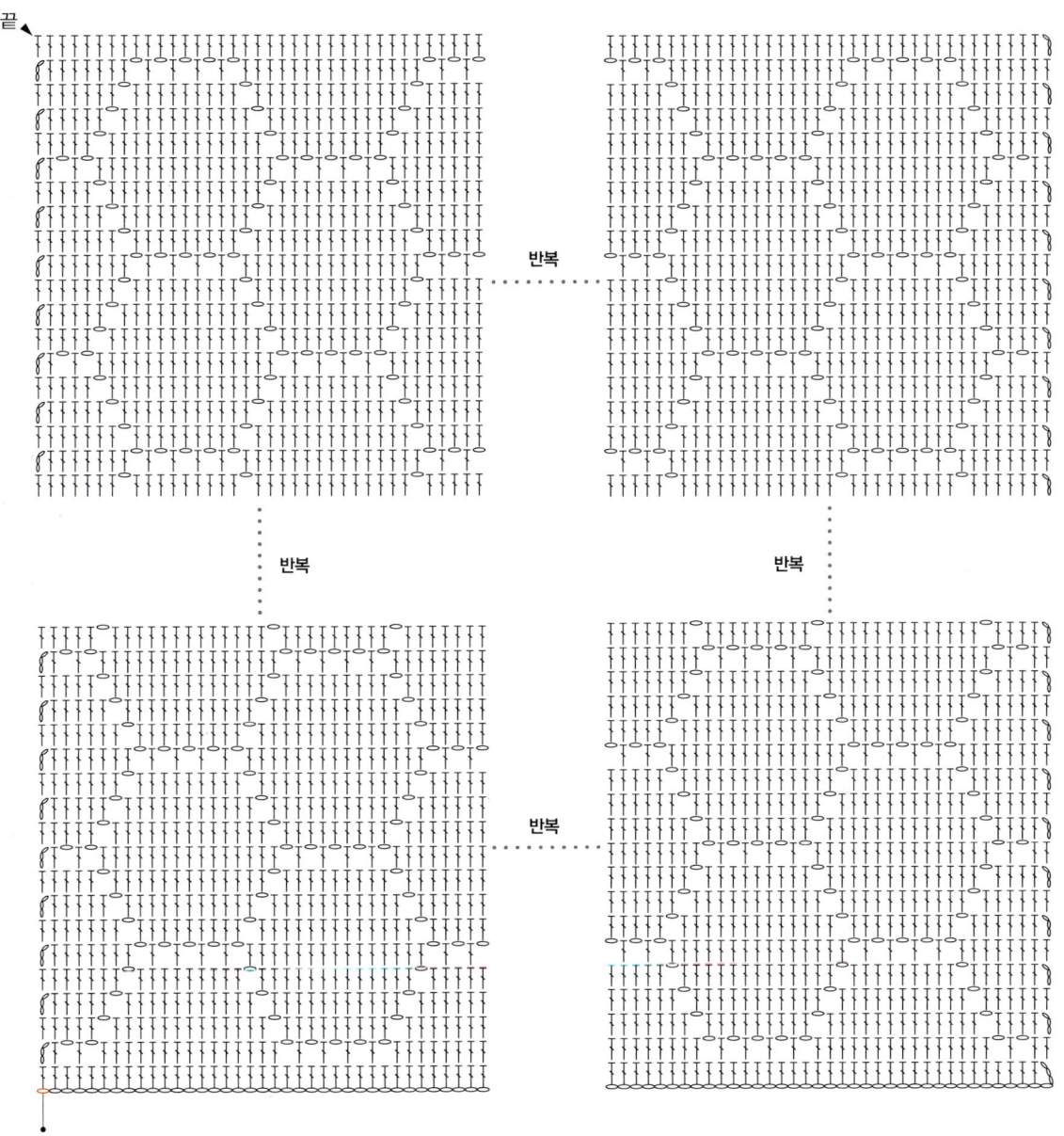

시작코 사슬뜨기 145코 시작

normal

에코 클러치 | 미니 태슬 | 클라우드 네트백 | 버킷햇 | 린넨 버킷백 | 지그재그 코튼 백 | 심플 숄 | 플래드 블랭킷

에코 클러치

여름이면 공방에서 꼭 다시 만들게 되는 인기 만점 아이템 에코 클러치를 소개할게요.
심플한 무늬로 뜨기 때문에 사이즈를 조절해서 다양하게 만들 수 있고,
겹짧은뜨기로 떠서 뜨개바탕의 모양이 단단하고 흐트러지지 않아요.
키링과 태슬을 이용해 꾸미는 재미가 있고 스트랩을 달아도 예쁘답니다.

● **준비물**

실 종류 에코안다리아(viscose100%) 1볼(40g) **실 색상** 민트(50g), 오렌지(50g), 소라(50g) **바늘** 모사용 코바늘 6호 **부자재** 지퍼 20cm, 모칠라폼폼(가방 장식), 핸드 스트랩

● **게이지**

19코 26단(10cm)

● **완성 사이즈**

둘레 38cm, 높이 9cm

● **사용한 뜨개법**

사슬뜨기, 빼뜨기, 짧은뜨기, 겹짧은뜨기, 되돌아 짧은뜨기

● **만드는 방법**

1. 시작코로 사슬뜨기 28코를 만들어 클러치 바닥을 시작합니다. 도안대로 1~3단까지 뜹니다. 총 74코입니다.
2. 옆면을 만들기 위해 4단의 첫코는 짧은뜨기, 두 번째 코는 겹짧은뜨기로 뜹니다. 2코 한 무늬 반복입니다. 5단의 첫코는 겹짧은뜨기, 두 번째 코는 짧은뜨기로 2코 한 무늬 반복입니다.
   POINT 겹짧은뜨기는 전전단 코에 바늘을 넣어 뜹니다.
3. 4~5단을 반복하여 25단까지 뜹니다. 다음 짧은뜨기로 2단을 뜨고, 되돌아 짧은뜨기로 1단을 뜹니다.
4. 실을 숨기고, 스팀다리미로 뜨개바탕을 정리합니다.
5. 클러치에 지퍼를 달아주면 완성입니다.

● 도안

● 에코 클러치(바닥)

단	코
1단	58코
2단	66코(8코 증가)
3단	74코(8코 증가)

- 빼뜨기
- 사슬뜨기
- × 짧은뜨기
- 겹짧은뜨기
- 되돌아 짧은뜨기

Check point

- 바닥을 뜨고, 스팀다리미로 뜨개바탕을 정리합니다.
- 반듯하게 펴진 상태에서 클러치 옆면을 뜹니다.

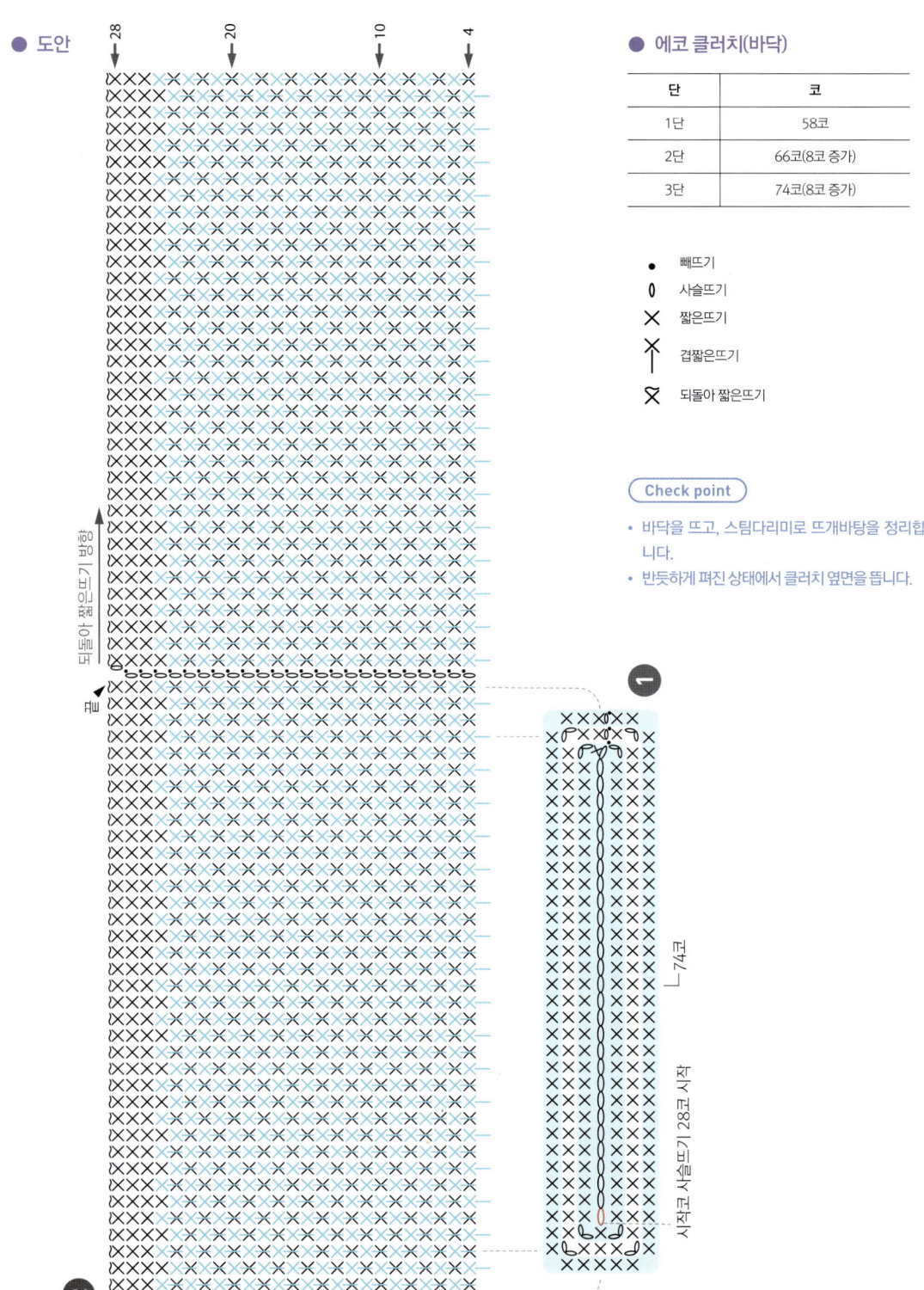

● 겹짧은뜨기 과정

1 겹짧은뜨기는 전전단의 코에 바늘을 넣어 뜹니다.

2 전전단의 코에 바늘을 넣고 실을 걸어 화살표 방향으로 빼냅니다.

3 다시 바늘에 실을 걸어 한번에 빼냅니다.

4 겹짧은뜨기가 완성되었습니다.
POINT 겹짧은뜨기는 짧은뜨기보다 길게 떠집니다.

● 되돌아 짧은뜨기(P.48 참고)

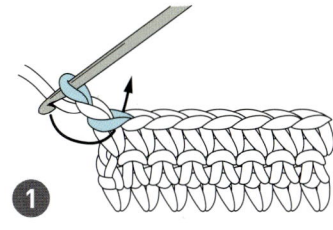

❶

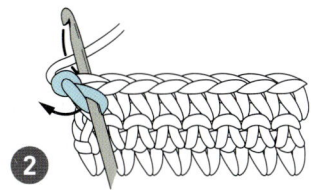

❷

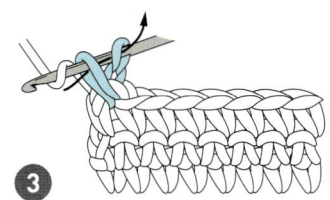

❸

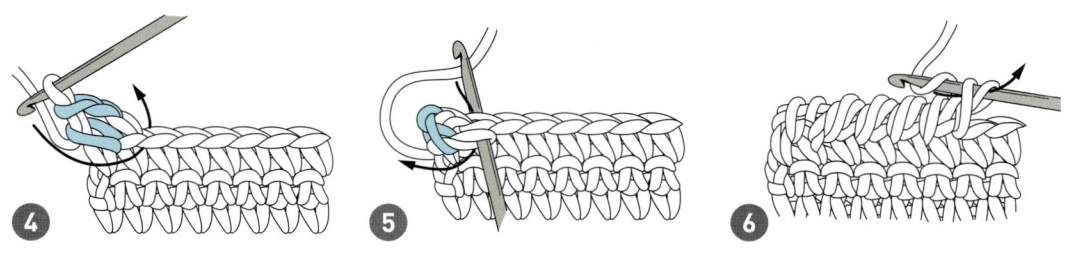

● 클러치에 지퍼 달기

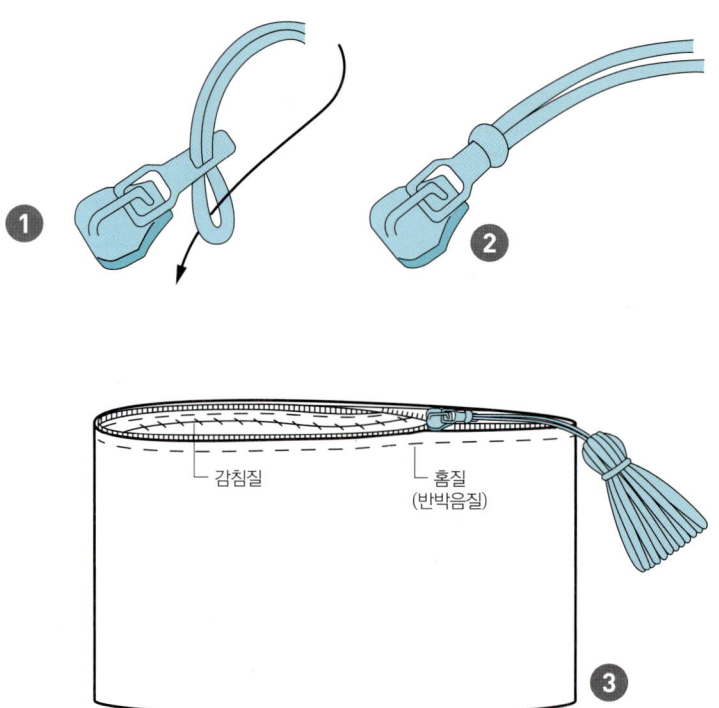

미니 태슬

색상별로 태슬을 만들어 파우치나 클러치에 달아보세요.
태슬 하나로 가방 느낌이 확 달라지는 효과가 있어요.
한 개를 달거나 여러 개를 같이 달아 포인트를 주기 좋아요.

● **준비물**

실 종류 에코안다리아(viscose100%) 1볼(40g) **실 색상** 소라(7g), 민트(7g), 라임(7g), 레드(7g), 오렌지(7g) **바늘** 모사용 코바늘 4호

● **완성 사이즈**

높이 6cm

● **사용한 뜨개법**

사슬뜨기, 빼뜨기, 짧은뜨기, 짧은 이랑뜨기

● **만드는 방법**

1. 사슬뜨기 원형코를 만들어 시작합니다. 사슬뜨기 5코를 쫀쫀하게 뜹니다.
2. 도안대로 1~3단까지 뜨고, 빼뜨기로 1단을 뜹니다.
3. 짧은 끈은 사슬뜨기 40코(18cm)를 뜨고, 반을 접어 1cm 아래를 매듭지어줍니다. 긴 끈은 사슬뜨기 60코(27cm)를 뜨고, 반을 접어 4~5cm 아래를 매듭지어줍니다.
   POINT 짧은 끈, 긴 끈 두 가지 중 선택하여 하나만 뜹니다.
4. 높이 12cm 정도의 두꺼운 종이에 실을 20~25번 감고, 종이를 빼냅니다.
5. 태슬 끈으로 중심을 2번 묶고 반을 접습니다.
6. 뚜껑에 끈을 통과시켜 잡아당깁니다.
7. 실 끝을 가위로 잘라 정리 합니다.
8. 스팀다리미로 태슬을 정리하면 실이 퍼지면서 풍성해집니다.

● 도안

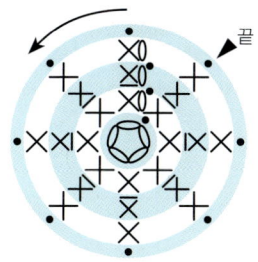

- ● 빼뜨기
- ○ 사슬뜨기
- ✕ 짧은뜨기
- ⊗ 짧은 이랑뜨기
- ▶ 끝

사슬뜨기 40코
18cm

사슬뜨기 60코
27cm

Check point

- 짧은뜨기의 기둥코(사슬 1코)는 1코로 세지 않습니다.
- 짧은뜨기의 첫코는 첫 번째 짧은뜨기입니다.
- 빼뜨기는 첫 번째 짧은뜨기 코의 머리(V모양) 2가닥에 바늘을 넣어 뜹니다.

● 태슬 뚜껑

단	코
1단	8코
2단	8코
3단	8코

● 만들기 과정

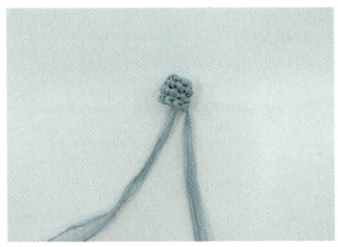

1 태슬 뚜껑을 뜹니다.

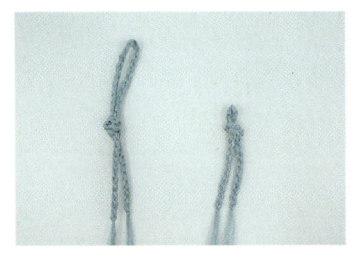

2 짧은 끈과 긴 끈 중 한 가지를 선택하여 뜨고 끈 길이에 맞게 매듭을 지어 줍니다.

3 높이 12cm 정도의 두꺼운 종이에 실을 20~25번 감아줍니다.

4 짧은 끈과 긴 끈 중 하나를 선택해서 중심을 2번 묶어줍니다.

5 뚜껑에 끈을 통과시켜 잡아당깁니다.

6 실 끝을 가위로 잘라 정리합니다.

7 스팀다리미로 정리하면 실이 펴지면서 풍성해집니다.

8 클러치에 달아줍니다.

클라우드 네트백

여름철에 많이 이용하는 그물무늬 가방에 구름 모양을 넣어 감성을 담았어요.
구름 모양이 내용물을 살짝 가려주어, 실용성까지 겸비한 예쁜 가방이랍니다.

● 준비물

실 종류 에코안다리아(비스코스 100%) 1볼(40g) **실 색상** 아이보리(120g)
바늘 모사용 코바늘 6호 **기타** 가죽 손잡이(길이 69cm, 폭 1cm) 1쌍(2개)

● 게이지

22코 8단(모눈무늬/10cm)

● 완성 사이즈

밑둘레 30cm, 높이 31cm(손잡이 제외)

● 사용한 뜨개법

사슬뜨기, 빼뜨기, 짧은뜨기, 짧은뜨기 2코 넣어뜨기, 한길긴뜨기

● 만드는 방법

1. 시작코로 사슬뜨기 56코를 만들어 가방 바닥을 시작합니다. 도안대로 1~4단까지 뜹니다. 총 132코입니다.
2. 가방 옆면은 늘림 없이 짧은뜨기 5단을 뜨고, 모눈뜨기 방법으로 10~31단까지 뜹니다.
3. 짧은뜨기 3단을 뜨고, 빼뜨기로 1단을 뜹니다.
4. 실을 숨기고, 스팀다리미로 뜨개바탕을 정리합니다.
5. 가죽 손잡이를 묶으면 완성입니다.

Check point 1
- 짧은뜨기의 기둥코(사슬 1코)는 1코로 세지 않습니다.
- 짧은뜨기의 첫코는 첫 번째 짧은뜨기입니다.
- 빼뜨기는 첫 번째 짧은뜨기 코의 머리(V모양) 2가닥에 바늘을 넣어 뜹니다.

Check point 2
- 한길긴뜨기의 기둥코(사슬 3코)는 1코로 셉니다.
- 한길긴뜨기의 첫코는 기둥코(사슬 3코)입니다.
- 빼뜨기는 기둥코의 세 번째 사슬반코와 코산 2가닥에 바늘을 넣어 뜹니다.

Check point 3
- 바닥을 뜨고, 스팀다리미로 뜨개바탕을 정리합니다.
- 반듯하게 펴진 상태에서 가방 옆면을 뜹니다.
- 가방 옆면 아랫단 사슬에 코를 뜰 때는 사슬고리 아래에 바늘을 넣어 감싸듯이 뜹니다.

● 도안

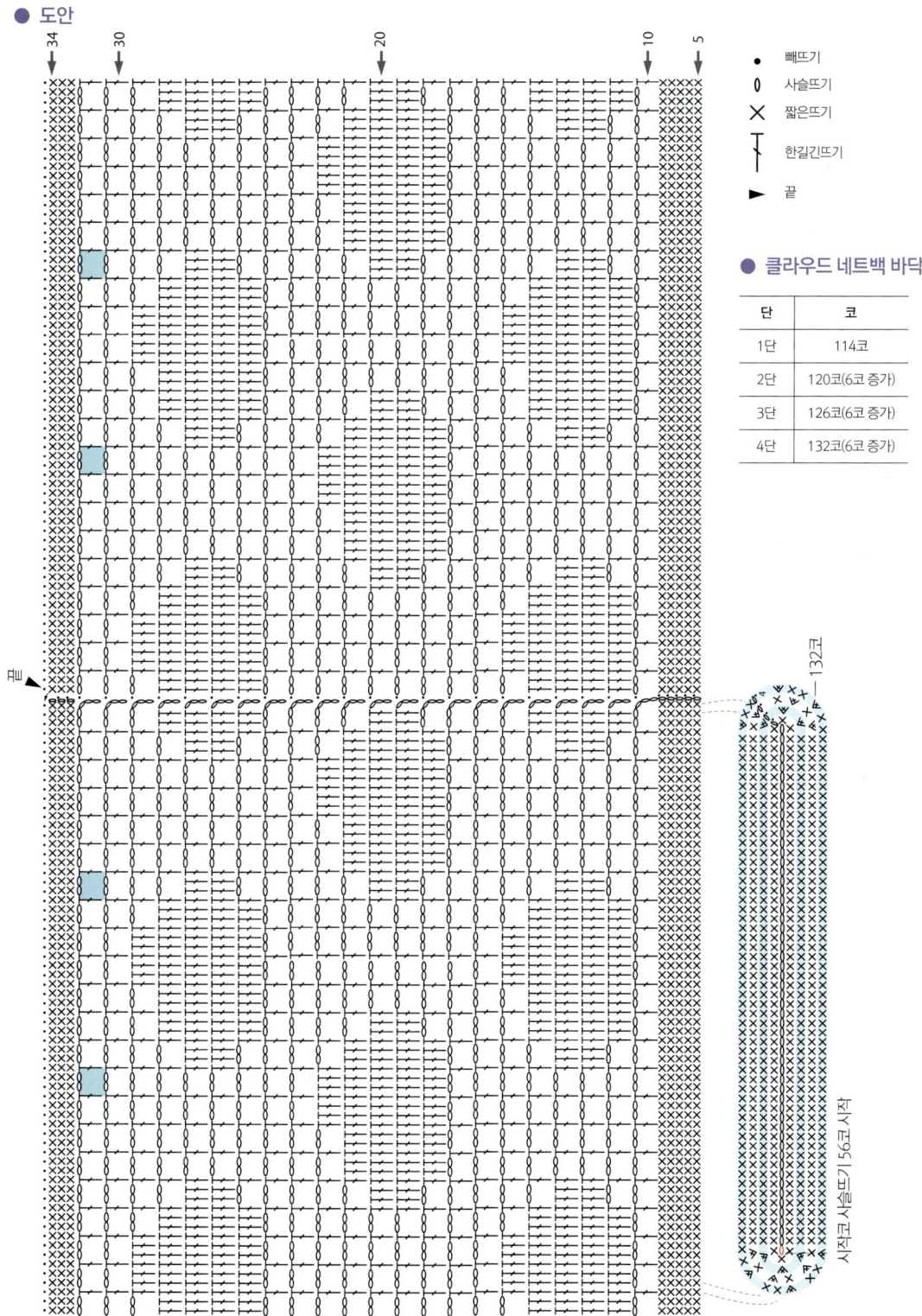

● 클라우드 네트백 바닥

단	코
1단	114코
2단	120코(6코 증가)
3단	126코(6코 증가)
4단	132코(6코 증가)

· 빼뜨기
0 사슬뜨기
× 짧은뜨기
┼ 한길긴뜨기
▶ 끝

● 모눈차트

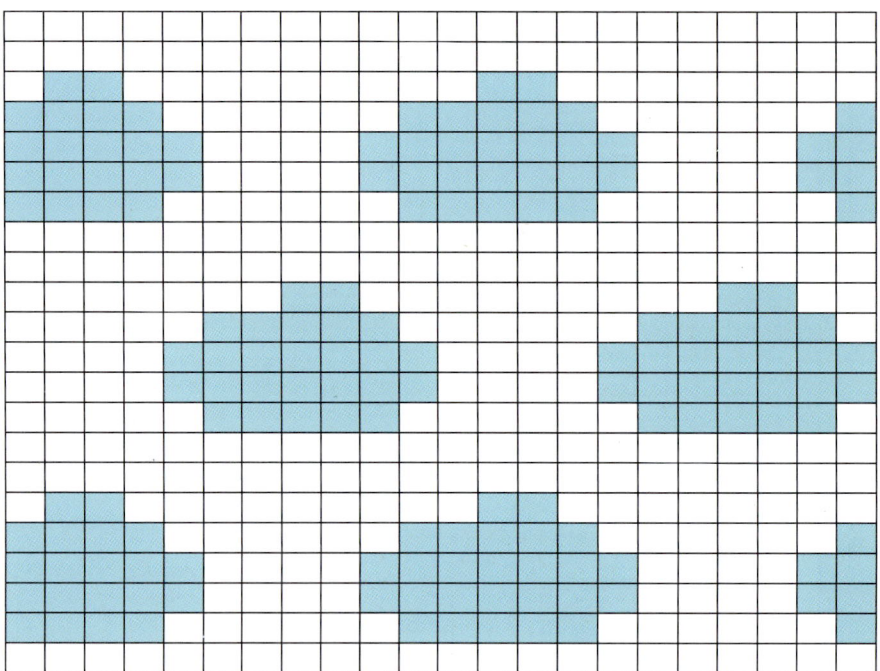

● 모눈뜨기 안내

모눈을 메워가면서 뜨는 방법입니다. 동그라미 모양이나 네모 모양, 하트 모양 등 모눈을 어떻게 메꾸느냐에 따라 독창적인 무늬뜨기가 가능합니다.

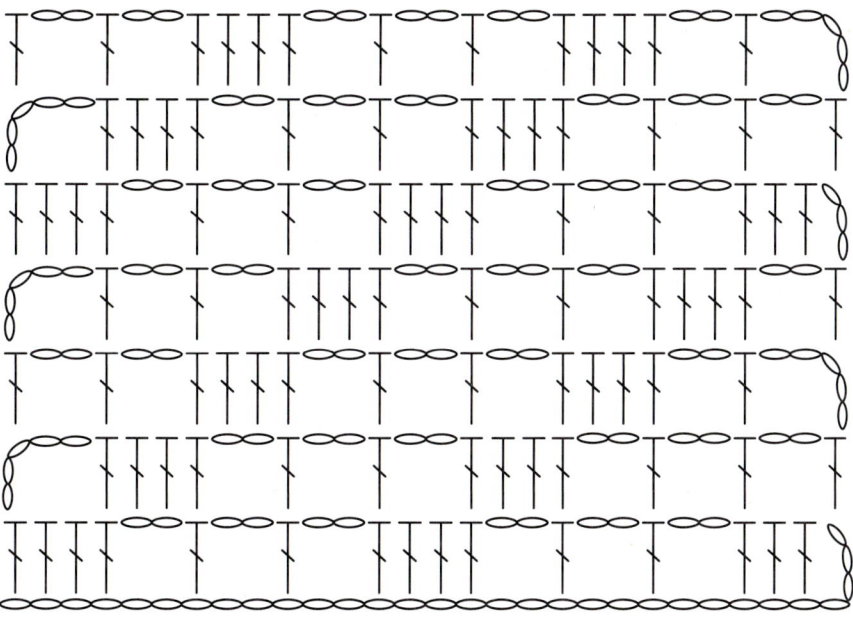

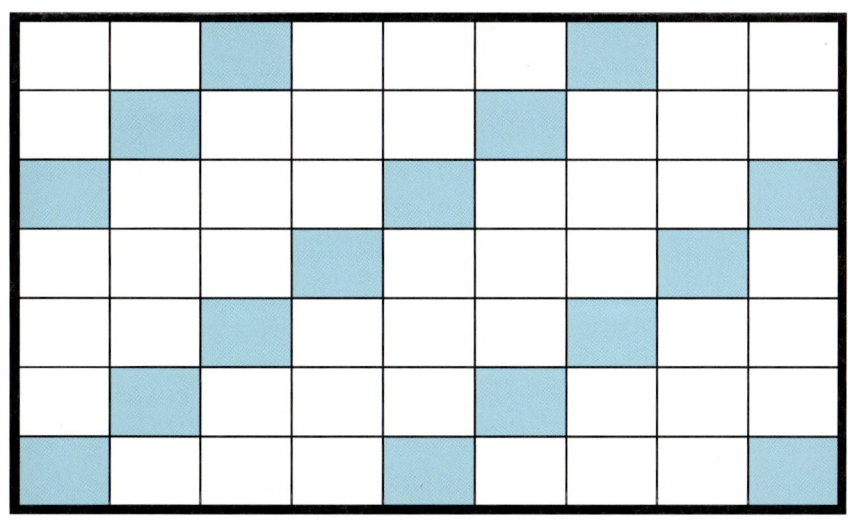

● 가죽 손잡이 묶는 방법

1   가죽 손잡이를 화살표 방향으로 넣습니다.

2   가죽 손잡이 끝을 오른쪽 방향으로 보내고

3   구멍 사이로 넣어 끈을 묶습니다.

4   위와 같은 방법으로 나머지 가죽 손잡이들도 묶어줍니다.

버킷햇

길이가 너무 길지 않아 데일리로 착용하기 좋은 버킷햇이에요.
접어서 가방에 휴대하기도 좋고, 버킷백과 함께 사용하면
센스 있는 스타일을 연출할 수 있어요.

● 준비물

실 종류 린넨VIP(마80%/면20%) 1볼(65g) **실 색상** 검정(100g) **바늘** 모사용 코바늘 7호

● 게이지

19코 22단(10cm)

● 완성 사이즈

머리 둘레 56cm, 높이 22.5cm

● 사용한 뜨개법

사슬뜨기, 빼뜨기, 짧은뜨기, 짧은뜨기 2코 넣어뜨기, 겹짧은뜨기

● 만드는 방법

1. 손가락 원형코를 만들어 시작합니다.
2. 도안대로 나선형 모양으로 뜹니다. 모자의 정수리 부분을 뜬 뒤 옆면을 뜨고 챙을 뜹니다. 매단 첫코에 스티치마커를 걸어 첫코를 표시합니다.
   POINT 겹짧은뜨기는 전전단의 코에 바늘을 넣어 뜹니다.
3. 빼뜨기로 1단을 뜹니다.
4. 실을 숨기고 스팀다리미로 뜨개바탕을 정리합니다.

● 모자 모양

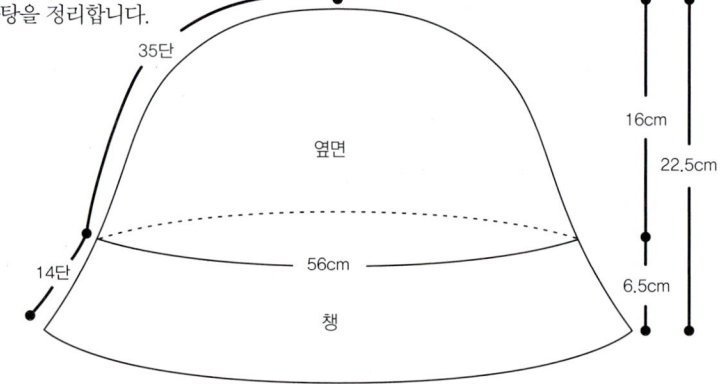

● 옆면

단	코
15~16단	84코
17단	90코(6코 증가)
18~19단	90코
20단	96코(6코 증가)
21~22단	96코
23단	102코(6코 증가)
26단	108코(6코 증가)
27~34단	108코
35단	108코

● 챙

단	코
36단	126코(18코 증가)
37단	126코
38단	144코(18코 증가)
39단	144코
40단	162코(18코 증가)
41~49단	162코

● 도안

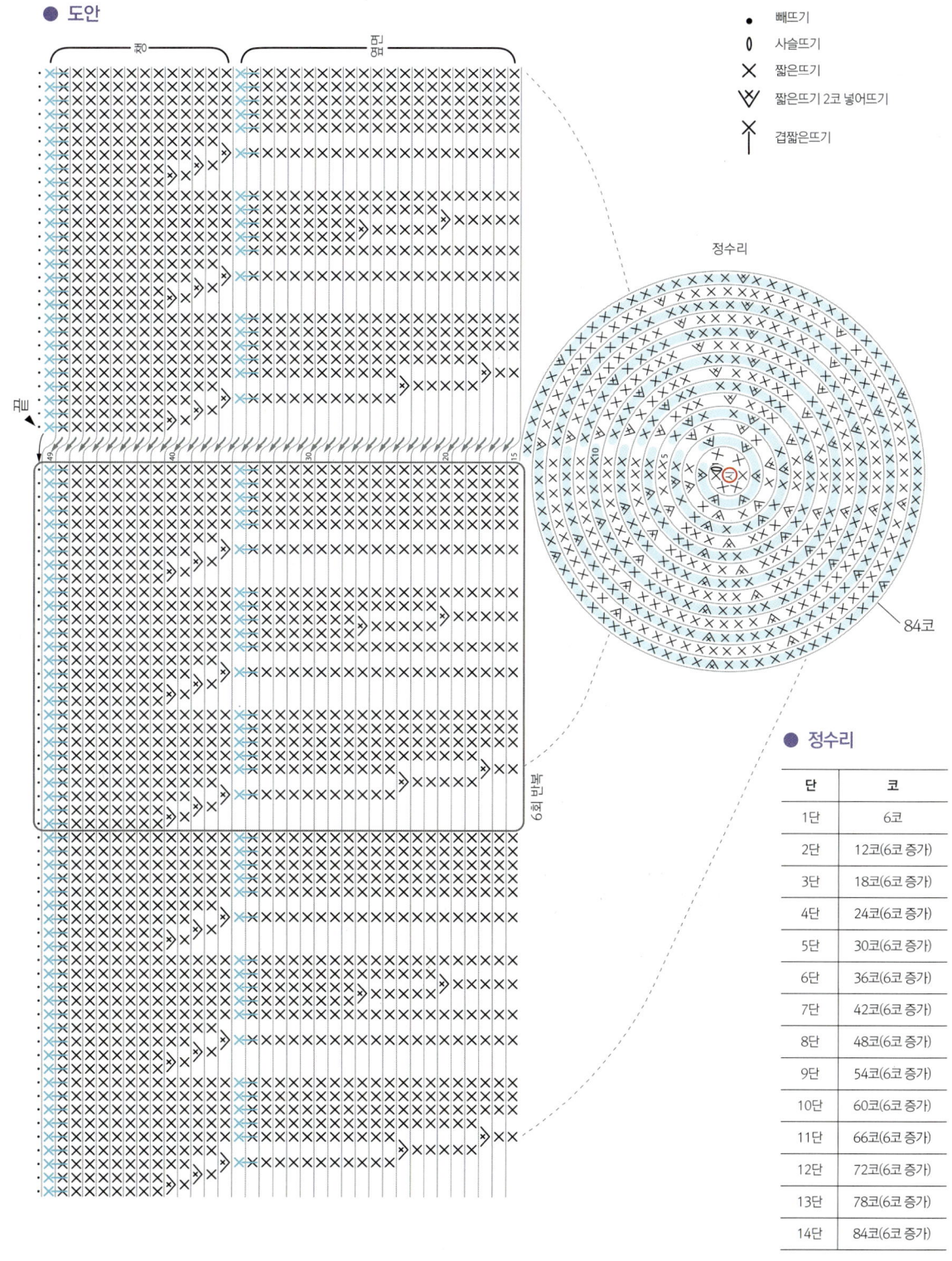

- 빼뜨기
- 사슬뜨기
- 짧은뜨기
- 짧은뜨기 2코 넣어뜨기
- 겹짧은뜨기

정수리 — 84코

● 정수리

단	코
1단	6코
2단	12코(6코 증가)
3단	18코(6코 증가)
4단	24코(6코 증가)
5단	30코(6코 증가)
6단	36코(6코 증가)
7단	42코(6코 증가)
8단	48코(6코 증가)
9단	54코(6코 증가)
10단	60코(6코 증가)
11단	66코(6코 증가)
12단	72코(6코 증가)
13단	78코(6코 증가)
14단	84코(6코 증가)

린넨 버킷백

투톤 배색으로 심플함이 돋보이는 데일리 버킷백이에요.
나무 손잡이의 따뜻한 느낌이 가방과 조화를 이뤄요.

● **준비물**

실 종류 린넨VIP(린넨80%, 면20%) 1볼(65g) **실 색상** 검정(130g), 베이지(260g)
바늘 모사용 코바늘 5호 **부자재** 나무 손잡이 1쌍(2개)

● **게이지**

23코 25단(10cm)

● **완성 사이즈**

둘레 74cm, 높이 24cm(나무 손잡이 제외)

● **사용한 뜨개법**

사슬뜨기, 빼뜨기, 짧은뜨기

● **만드는 방법**

1. 시작코로 사슬뜨기 40코를 만들어 가방 바닥을 시작합니다. 도안대로 1~12단까지 뜹니다. 총 170코입니다.
2. 가방 옆면은 13~30단까지 검정색으로 뜨고, 31~72단까지 베이지색으로 뜹니다.
3. 빼뜨기로 1단을 뜹니다.
4. 손잡이 밴드는 도안대로 양쪽에 뜹니다. 14단까지 뜨고 대략 30cm정도의 실을 남기고 자릅니다.
   POINT 빼뜨기라인 안쪽 코의 머리(V모양) 2가닥에 바늘을 넣어 뜹니다.
5. 양쪽 나무 손잡이를 손잡이밴드로 감싸 감침질합니다.
6. 스레드 끈을 만드는 방법으로 25cm 끈 2개를 만들어 가방 양쪽 옆선에 통과시켜 묶어줍니다.
7. 실을 숨기고, 스팀다리미로 뜨개바탕을 정리합니다.

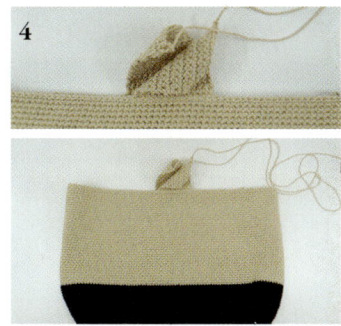

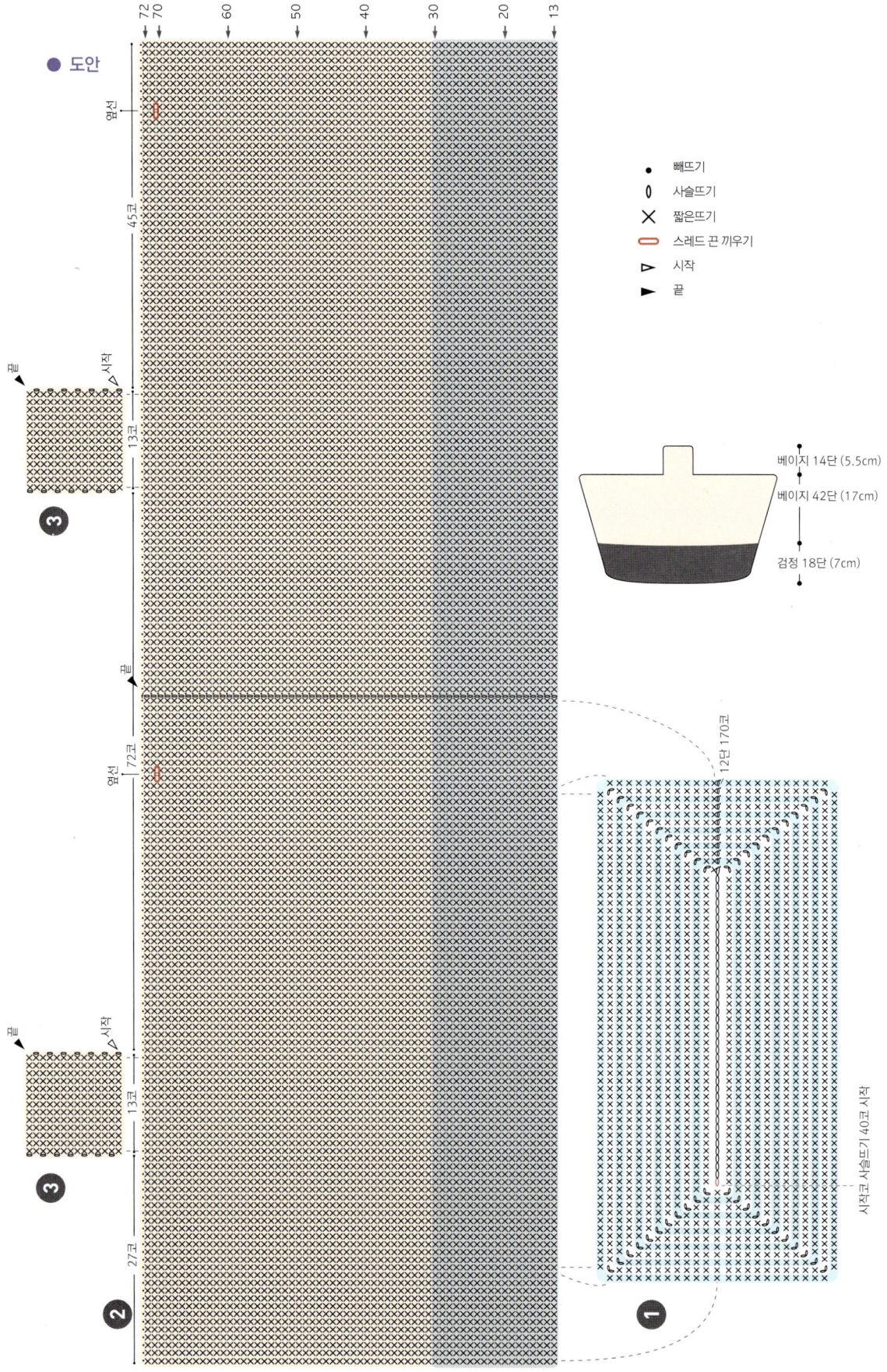

Check point 1
- 짧은뜨기의 기둥코(사슬 1코)는 1코로 세지 않습니다.
- 짧은뜨기의 첫코는 첫 번째 짧은뜨기입니다.
- 빼뜨기는 첫 번째 짧은뜨기 코의 머리(V모양) 2가닥에 바늘을 넣어 뜹니다.

Check point 2
- 바닥을 뜨고, 스팀다리미로 뜨개바탕을 정리합니다.
- 뜨개바탕이 반듯하게 펴진 상태에서 가방 옆면을 뜹니다.
- 아랫단 사슬에 코를 뜰때는 사슬고리 아래에 바늘을 넣어 감싸듯이 뜹니다.

● 버킷백(바닥)

단	코
1단	82코
2단	90코(8코 증가)
3단	98코(8코 증가)
4단	106코(8코 증가)
5단	114코(8코 증가)
6단	122코(8코 증가)
7단	130코(8코 증가)
8단	138코(8코 증가)
9단	146코(8코 증가)
10단	154코(8코 증가)
11단	162코(8코 증가)
12단	170코(8코 증가)

● **스레드 끈 만들기**(p.50참고)

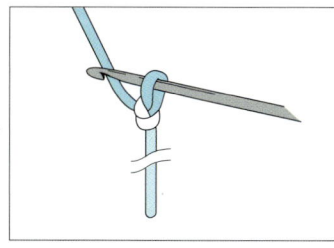

1 90cm의(원하는 길이의 3배 반) 실을 남기고 시작코를 뜹니다.

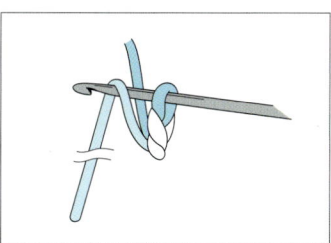

2 길게 남긴 실을 앞에서 뒤로 바늘에 감아 줍니다.

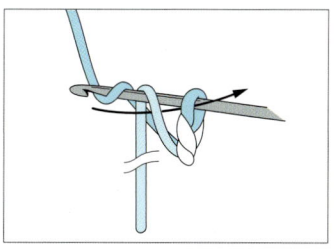

3 바늘에 실을 걸어 화살표 방향을 빼냅니다.

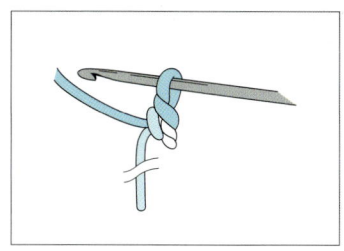

4 과정 2~3번을 반복하여 25cm가 될 때까지 뜹니다.

5 실을 숨기고, 스팀다리미로 뜨개바탕을 정리합니다.

지그재그 코튼백

코의 줄임과 늘림으로 지그재그 무늬를 만들어 뜨는 가방을 소개할게요.
줄무늬의 간격을 변형시켜 나만의 가방을 만들어 보세요. 작은 사이즈는 데일리용으로 사용하기 좋고, 큰 사이즈는 쇼퍼백이나 기저귀 가방 등으로 활용할 수 있답니다.

● 준비물

실 종류 코튼필드(면100%) 1볼(80g) **실 색상 A** 네이비(240g), **B** 아이보리(160g)
바늘 모사용 코바늘 5호

● 게이지

22코 11단(10cm)

● 완성 사이즈

바닥 너비 18cm, 높이 20cm(손잡이 제외)

● 사용한 뜨개법

사슬뜨기, 빼뜨기, 짧은뜨기, 짧은뜨기 2코 모아뜨기, 짧은뜨기 3코 모아뜨기, 한길긴뜨기, 한길긴뜨기 2코 모아뜨기

● 만드는 방법

1. A(네이비)색상으로 손가락 원형코를 만들어 도안대로 1~14단을 뜹니다.
2. B(아이보리)색상으로 실을 바꾸고 옆면을 만들기 위해 15~18단을 뜹니다.
   POINT 각 변의 중심에서 4코가 줄어들고, 양쪽 모서리에서 2코씩 4코가 늘어나 콧수 변화가 없습니다.
3. A색상으로 실을 바꿔 19~22단을 뜹니다.
4. B색상으로 실을 바꿔 23~26단을 뜹니다.
5. A색상으로 실을 바꿔 27~29단을 뜹니다.
6. 손잡이는 한쪽 꼭짓점에서 사슬뜨기 70코(28cm)를 만들어 반대편 꼭지점에 빼뜨기를 합니다. 다른 쪽도 같은 방법으로 손잡이를 만듭니다.
7. 손잡이는 바깥쪽과 안쪽에서 각각 짧은뜨기를 3단씩 뜹니다. 손잡이부분 바깥쪽 사슬에 코를 뜰 때는 사슬반코에 바늘을 넣어 뜨고, 안쪽(반대편)에서는 사슬반코와 코산 2가닥에 바늘을 넣어 뜹니다.
8. 실을 숨기고, 스팀다리미로 뜨개바탕을 정리합니다.

● 도안

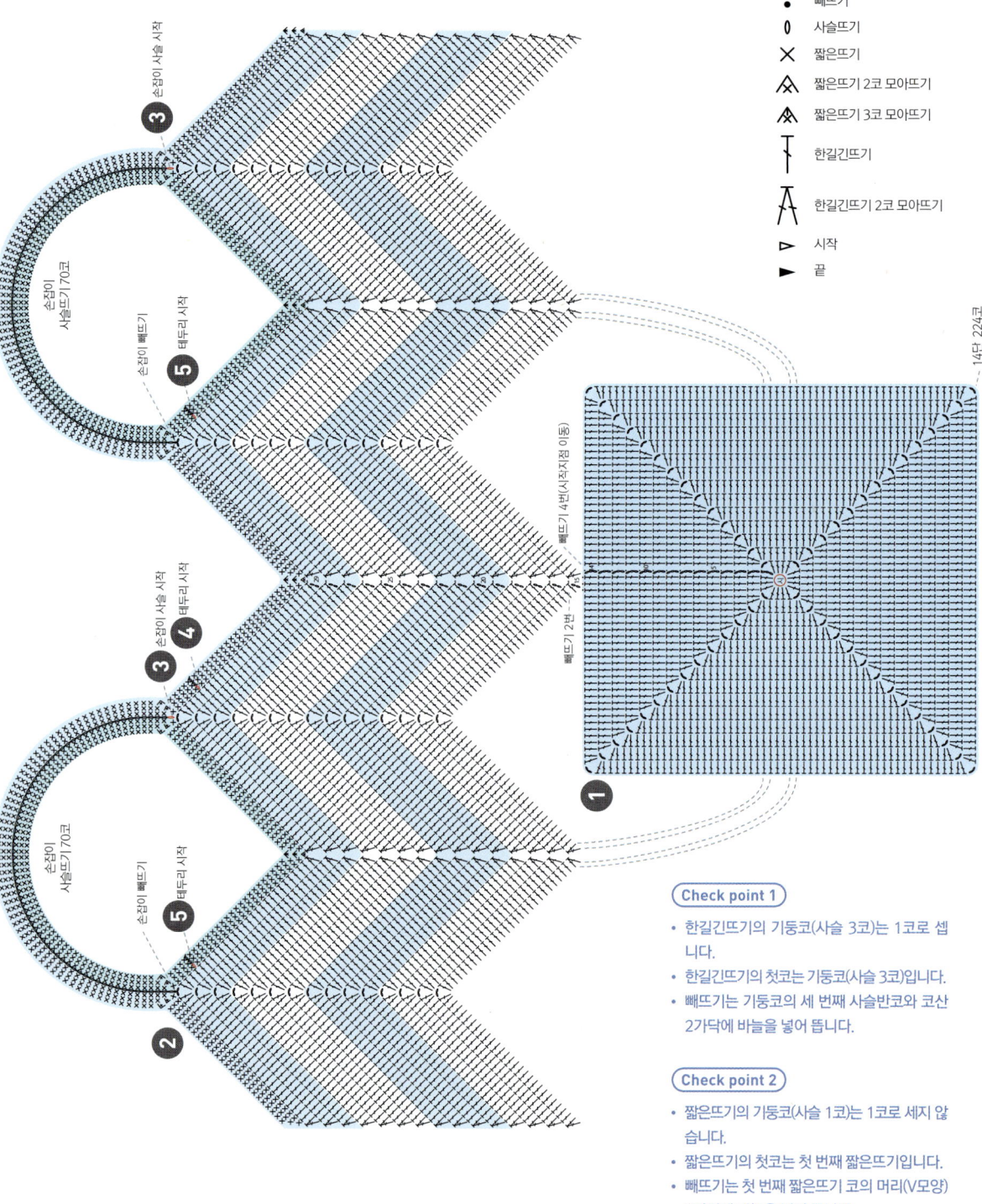

Check point 1
- 한길긴뜨기의 기둥코(사슬 3코)는 1코로 셉니다.
- 한길긴뜨기의 첫코는 기둥코(사슬 3코)입니다.
- 빼뜨기는 기둥코의 세 번째 사슬반코와 코산 2가닥에 바늘을 넣어 뜹니다.

Check point 2
- 짧은뜨기의 기둥코(사슬 1코)는 1코로 세지 않습니다.
- 짧은뜨기의 첫코는 첫 번째 짧은뜨기입니다.
- 빼뜨기는 첫 번째 짧은뜨기 코의 머리(V모양) 2가닥에 바늘을 넣어 뜹니다.

● 확대 도안

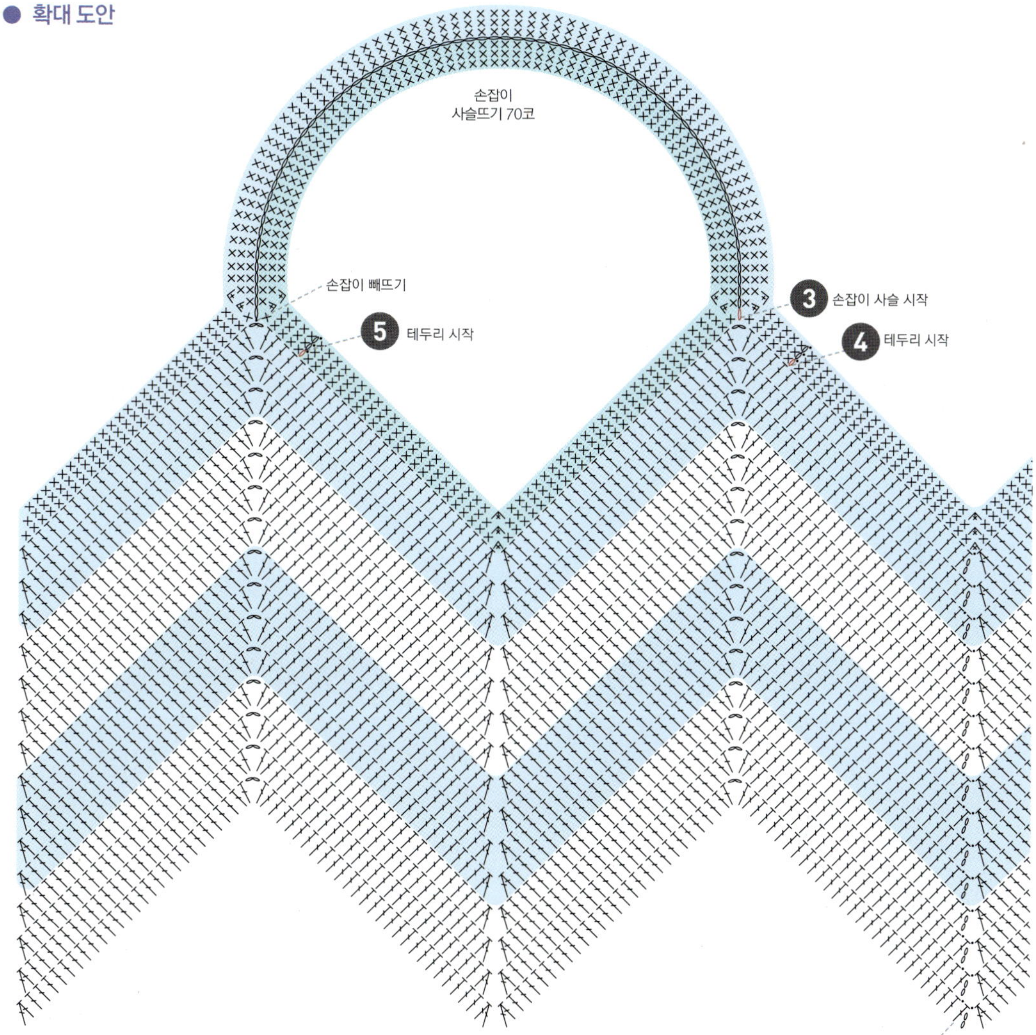

손잡이 사슬뜨기 70코

손잡이 빼뜨기

❺ 테두리 시작

❸ 손잡이 사슬 시작

❹ 테두리 시작

빼뜨기 2번

Check point 3
- 바닥을 뜨고, 스팀다리미로 뜨개바탕을 정리합니다.
- 뜨개바탕이 반듯하게 펴진 상태에서 가방 옆면을 뜹니다.
- 아랫단 사슬에 코를 뜰 때는 사슬고리 아래에 바늘을 넣어 감싸듯이 뜹니다.

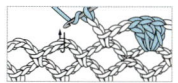

● 지그재그 코튼백(바닥)

단	코	단	코
1단	16코	8단	128코(16코 증가)
2단	32코(16코 증가)	9단	144코(16코 증가)
3단	48코(16코 증가)	10단	160코(16코 증가)
4단	64코(16코 증가)	11단	176코(16코 증가)
5단	80코(16코 증가)	12단	192코(16코 증가)
6단	96코(16코 증가)	13단	208코(16코 증가)
7단	112코(16코 증가)	14단	224코(16코 증가)

심플 숄

그라데이션이 되어 있는 실을 사용하여 손뜨개를 해보는 것은 어떨까요?
자연스럽게 변하는 색을 감상하며 뜨는 재미가 있답니다.
어깨에 살포시 걸쳐 멋스럽게 연출을 하거나
목에 돌돌 감아 야상 위에 착용해도 좋아요.

● **준비물**

실 종류 쉽제스월(면 60%, 아크릴 40%) 1볼(215g) **실 색상** 블루(215g)
게이지 30코 15단 **바늘** 모사용 코바늘 4호

● **완성 사이즈**

가로 140cm, 높이 61cm

● **사용한 뜨개법**

사슬뜨기, 짧은뜨기, 한길긴뜨기, 사슬 3코 피코 빼뜨기

● **만드는 방법**

1. 시작코로 사슬뜨기 1코를 만들어 시작합니다.
2. 도안대로 평면뜨기(왕복뜨기)를 뜹니다. 1단을 뜨고 뜨개바탕을 뒤로 돌려 2단을 뜹니다.
3. 1단 12코, 2단 20코(8코 증가), 3단 28코(8코 증가), 4단 36코(8코 증가)을 뜨고, 3~4단을 반복해서 72단까지 뜬 뒤 73단을 한 번 더 뜹니다.
4. 74단에서 테두리 무늬를 뜹니다.
5. 실을 숨기고, 스팀다리미로 뜨개바탕을 정리합니다.

● 도안

Check point 1

- 한길긴뜨기의 기둥코(사슬 3코)는 1코로 셉니다.
- 아랫단 사슬에 코를 뜰 때는 사슬고리 아래에 바늘을 넣어 감싸듯이 뜹니다.

- • 빼뜨기
- ○ 사슬뜨기
- × 짧은뜨기
- 사슬 3코 피코 빼뜨기
- ╈ 한길긴뜨기
- ▶ 끝

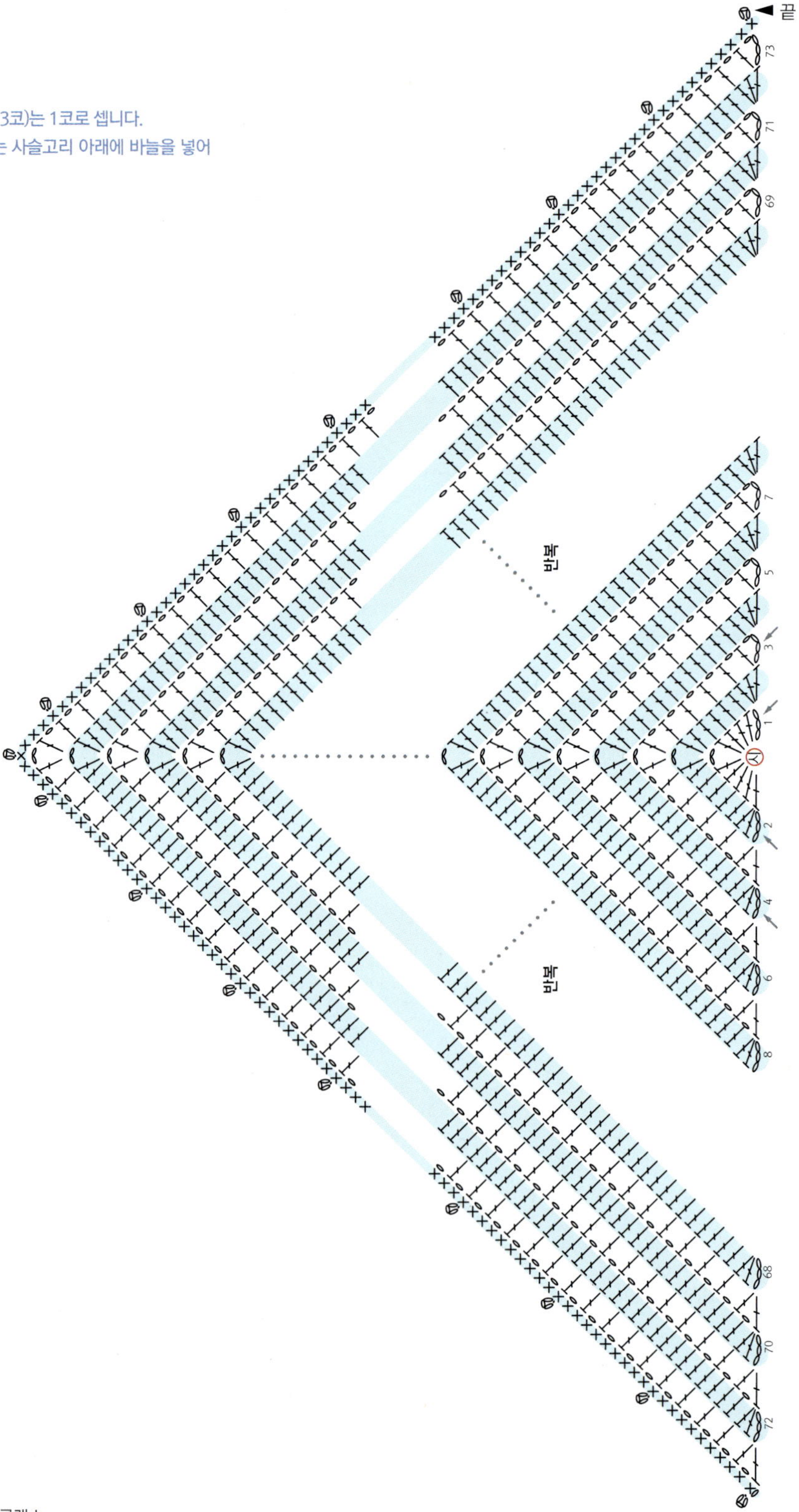

플래드 블랭킷

그래니스퀘어라고 알려진 레트로 감성의 아이템이에요.
세 가지 색상을 바둑판무늬로 나열해 마지막 단을 뜨면서 연결해주는 방식이라
쉽고 빠르게 완성할 수 있답니다.

● 준비물

실 종류 엘라래(울100%) 1볼(100g) **실 색상** 아이보리(300g), 라이트데님 (500g), 코코아(300g) **바늘** 모사용 코바늘 7호

● 모티브 크기

가로 8.5cm, 세로 8.5cm

● 완성 사이즈

가로 79cm, 세로 79cm

● 사용한 뜨개법

사슬뜨기, 빼뜨기, 한길긴뜨기, 한길긴뜨기 3코 넣어뜨기, 한길긴뜨기 4코 넣어뜨기, 한길긴뜨기 7코 넣어뜨기

● 만드는 방법

1. 첫 번째 모티브를 뜹니다.
2. 두 번째 모티브는 3단까지 뜨고, 4단에서 연결하면서 뜹니다.
3. 순서대로 모티브를 뜨면서 연결합니다.
4. 테두리를 뜹니다.
5. 실을 숨기고, 스팀다리미로 뜨개바탕을 정리합니다.

● 모티브 도안

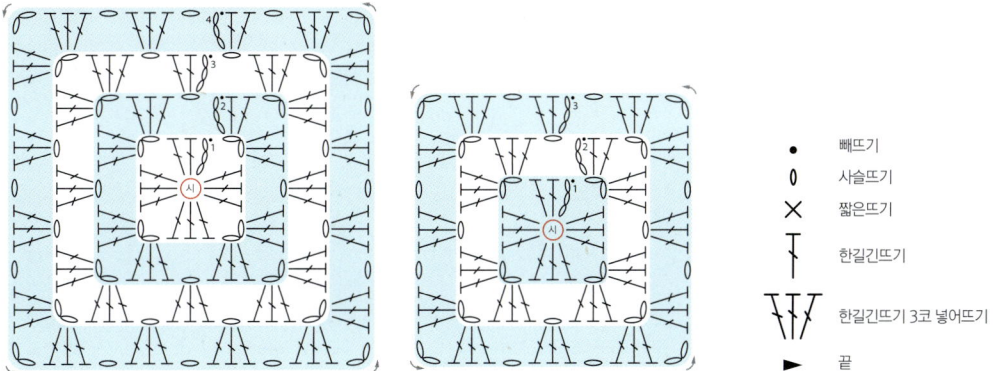

- ● 빼뜨기
- o 사슬뜨기
- × 짧은뜨기
- T 한길긴뜨기
- ⋎ 한길긴뜨기 3코 넣어뜨기
- ▶ 끝

● 전체 도안

A 아이보리 25장
B 라이트데님 40장
C 코코아 16장

● 확대 도안 1

Check point 1
- 한길긴뜨기의 기둥코(사슬 3코)는 1코로 셉니다.
- 한길긴뜨기의 첫코는 기둥코(사슬 3코)입니다.
- 빼뜨기는 기둥코의 세 번째 사슬반코와 코산 2가닥에 바늘을 넣어 뜹니다.

Check point 2
- 아랫단 사슬에 코를 뜰 때는 사슬고리 아래에 바늘을 넣어 감싸듯이 뜹니다.

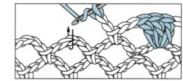

A 아이보리	25장
B 라이트데님	40장
C 코코아	16장

● 확대 도안 2

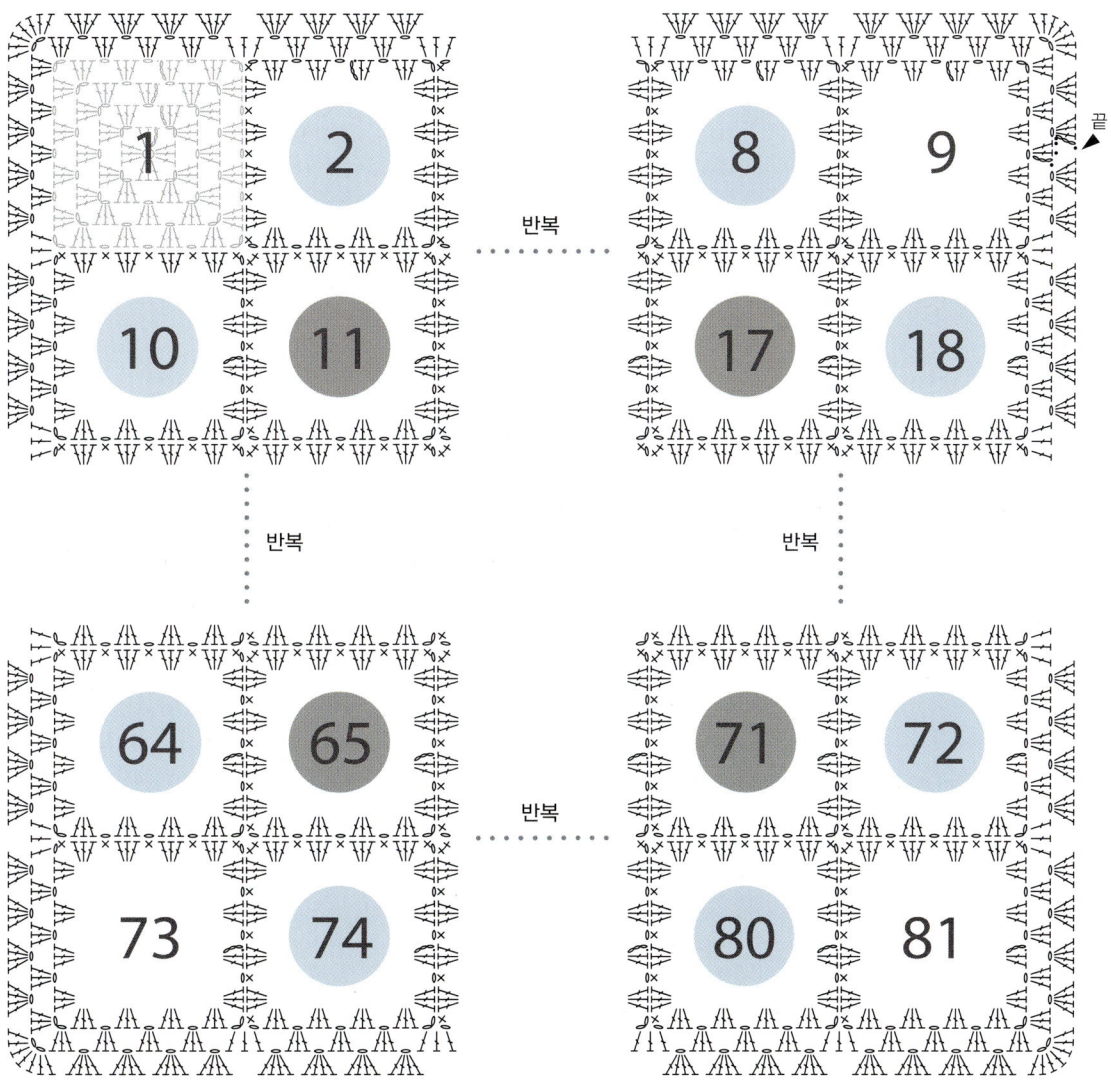

A	아이보리 25장
B	라이트데님 40장
C	코코아 16장

hard

아이스크림 파우치 & 수박 파우치 I 리본 클러치 I 라피아 빅백 I 코나 쿠션 I 다이아몬드 블랭킷

아이스크림 파우치 & 수박 파우치

달콤한 색상들로 떠서 더욱 귀여운 아이스크림 파우치와 수박 파우치를 소개할게요.
발렌타인데이나 화이트데이에 초콜릿과 사탕을 넣어 선물하거나 끈을 달면
아이들 미니백으로도 사용할 수 있어요. 색상별로 다양하게 만들어보세요.

● **준비물**

실 종류 코나(아크릴45%, 면37%, 나일론18%) 1볼(65g) **실 색상** 브라운, 화이트, 민트, 핫핑크, 연핑크, 와인, 스카이블루, 옐로우, 레드, 블랙, 핑크, 그린
바늘 모사용 코바늘 6호 **부자재** 오시도리 끈, 스토퍼

● **게이지**

16코 16단(10cm)

● **완성 크기**

둘레 25cm, 높이 20cm

● **사용한 뜨개법**

아이스크림 파우치 사슬뜨기, 빼뜨기, 짧은뜨기, 짧은뜨기 2코 넣어뜨기, 짧은 이랑뜨기, 한길긴뜨기 5코 넣어뜨기
수박 파우치 사슬뜨기, 빼뜨기, 짧은뜨기, 짧은뜨기 2코 넣어뜨기, 짧은 이랑뜨기, 겹짧은뜨기, 한길긴뜨기 5코 넣어뜨기

● **아이스크림 파우치 콘 만드는 방법**

1. A색상으로 콘을 뜹니다. 손가락 원형코를 만들어 시작합니다. 도안대로 1~19단까지 원통으로 뜹니다. 총 40코입니다.
2. B색상으로 바꿔서 다음 4단을 뜹니다. 20단 짧은뜨기로 뜹니다. 21단 아랫단 코의 머리 앞반코에 바늘을 넣어 무늬대로 뜹니다. 22단 사슬뜨기 1코를 뜨고 아랫단 코의 머리 뒤반코에 바늘은 넣어 짧은 이랑뜨기를 뜹니다. 총 40코입니다. 23단 짧은뜨기로 뜹니다.
3. C색상으로 바꿔 다음과 같이 뜹니다. 24단 짧은뜨기로 뜹니다. 25단 아랫단 코의 머리 앞반코에 바늘을 넣어 무늬대로 뜹니다. 26단 사슬뜨기 1코를 뜨고 아랫단 코의 머리 뒤반코에 바늘은 넣어 짧은 이랑뜨기로 뜹니다.

총 40코입니다. 27단 짧은뜨기로 뜹니다. 28단 배색하면서 뜹니다. 29단 짧은뜨기(이때 아랫단 배색한 코는 짧은 이랑뜨기)로 뜹니다. 30단 배색하면서 뜹니다. 31단 짧은뜨기(이때 아랫단 배색한 코는 짧은 이랑뜨기)로 뜹니다. 32단 배색하면서 뜹니다. 33단 짧은뜨기(아랫단 배색한 코는 짧은 이랑뜨기로 뜹니다.)로 뜹니다. 34단 배색하면서 뜹니다. 35단 짧은뜨기(이때 아랫단 배색한 코는 짧은 이랑뜨기)로 뜹니다. 36단 끈 넣을 구멍을 만듭니다. 37단 짧은뜨기로 뜨고, 빼뜨기 1단을 떠서 마무리합니다.

4. 실을 숨깁니다.
5. 끈을 파우치 구멍에 끼워주고, 스토퍼도 끼워줍니다.

● 배색

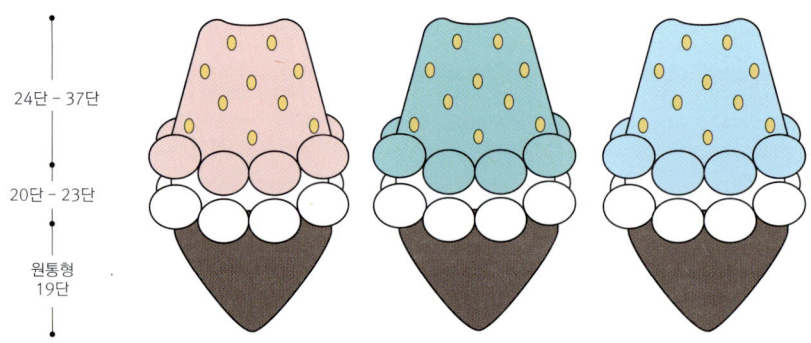

1번 아이스크림 파우치 배색	
A	브라운(30g)
B	화이트(15g)
C	민트(40g), 핑크(10g)

2번 아이스크림 파우치 배색	
A	브라운(30g)
B	화이트(15g)
C	연핑크(40g), 와인(10g)

3번 아이스크림 파우치 배색	
A	브라운(30g)
B	화이트(15g)
C	스카이블루(40g), 옐로우(10g)

Check point

37단에서 아랫단 사슬에 코를 뜰 때는
사슬고리 아래에 바늘을 넣어 감싸듯이 뜹니다.

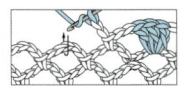

● 아이스크림 파우치 콘 도안

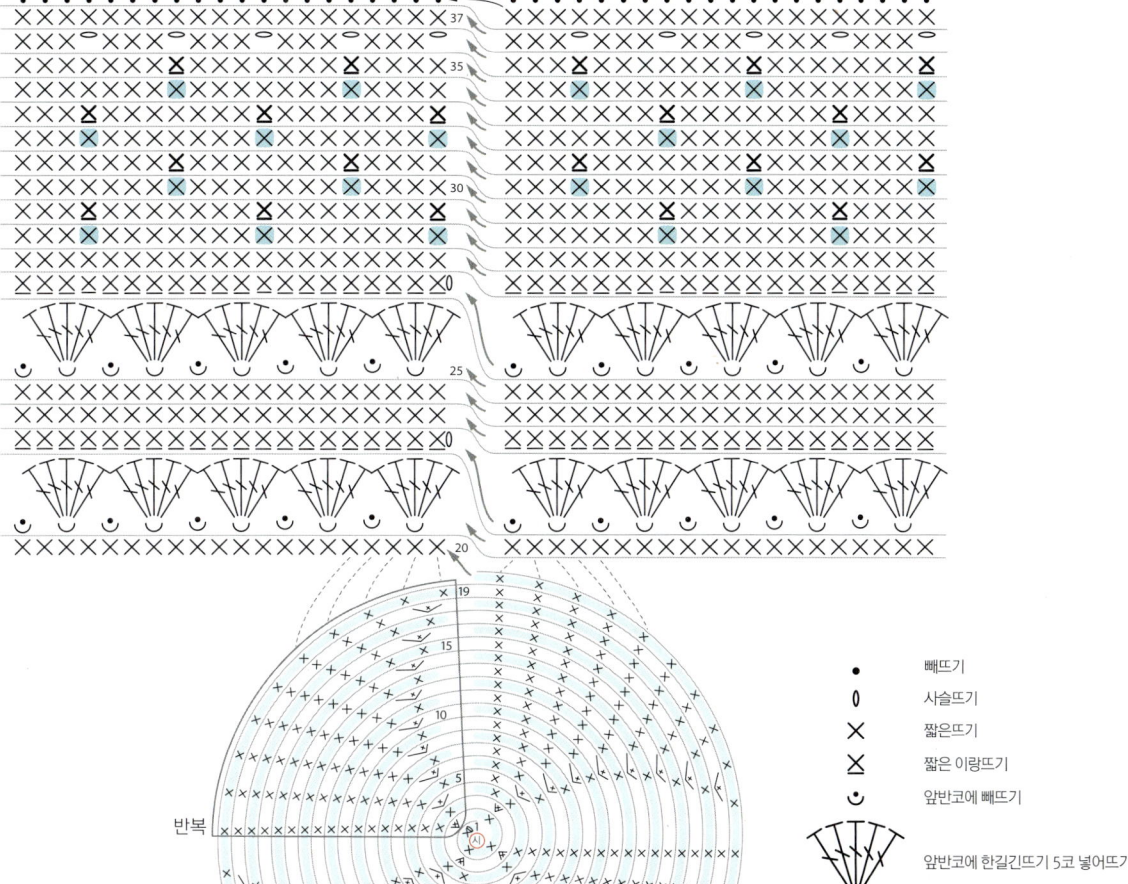

● 아이스크림 파우치(콘)

단	코	단	코	단	코
1단	4코	8단	20코(4코 증가)	15단	32코
2단	8코(4코 증가)	9단	20코	16단	36코(4코 증가)
3단	8코	10단	24코(4코 증가)	17단	36코
4단	12코(4코 증가)	11단	24코	18단	40코(4코 증가)
5단	12코	12단	28코(4코 증가)	19단	40코
6단	16코(4코 증가)	13단	28코		
7단	16코	14단	32코(4코 증가)		

● **수박 파우치 콘 만드는 방법**

1. A색상으로 콘을 뜹니다. 손가락 원형코를 만들어 시작합니다. 도안대로 19단까지 원통으로 뜹니다. 총 40코입니다.
2. B색상으로 바꿔 다음 4단을 뜹니다. 20단 짧은뜨기로 뜹니다. 21단 아랫단 코의 머리 앞반코에 바늘을 넣어 무늬대로 뜹니다. 22단 사슬뜨기 1코를 뜨고 아랫단 코의 머리 뒤반코에 바늘을 넣어 짧은 이랑뜨기를 뜹니다. 총 40코입니다. 23단 짧은뜨기로 뜹니다.
3. C색상으로 바꿔 다음과 같이 뜹니다. 24단 짧은뜨기 1코, 겹짧은뜨기 1코, 2코를 반복해서 뜹니다.
4. D색상으로 바꿔 다음과 같이 뜹니다. 25단 짧은뜨기로 뜹니다. 26단 짧은뜨기로 뜹니다. 27단 배색하면서 뜹니다. 28단 짧은뜨기(아랫단 배색한 코는 짧은이랑뜨기로 뜹니다)로 뜹니다. 29단 배색하면서 뜹니다. 30단 짧은뜨기(아랫단 배색한 코는 짧은 이랑뜨기)로 뜹니다. 31단 배색하면서 뜹니다. 32단 짧은뜨기(아랫단 배색한 코는 짧은 이랑뜨기)로 뜹니다. 33단 배색하면서 뜹니다. 34단 짧은뜨기(아랫단 배색한 코는 짧은 이랑뜨기)로 뜹니다. 35단 끈 넣을 구멍을 만듭니다. 36단 짧은뜨기로 뜨고, 빼뜨기로 1단을 떠서 마무리합니다.
5. 실을 숨깁니다.
6. 끈을 파우치 구멍에 끼우고, 스토퍼를 끼워줍니다.

● **배색**

4번 수박 파우치 배색	
A	브라운(30g)
B	그린(15g)
C	화이트(10g)
D	레드(40g), 블랙(10g)

5번 수박 파우치 배색	
A	브라운(30g)
B	그린(15g)
C	화이트(10g)
D	핑크(40g), 와인(10g)

6번 수박 파우치 배색	
A	브라운(30g)
B	그린(15g)
C	화이트(10g)
D	옐로우(40g), 블랙(10g)

● 수박 파우치 콘 도안

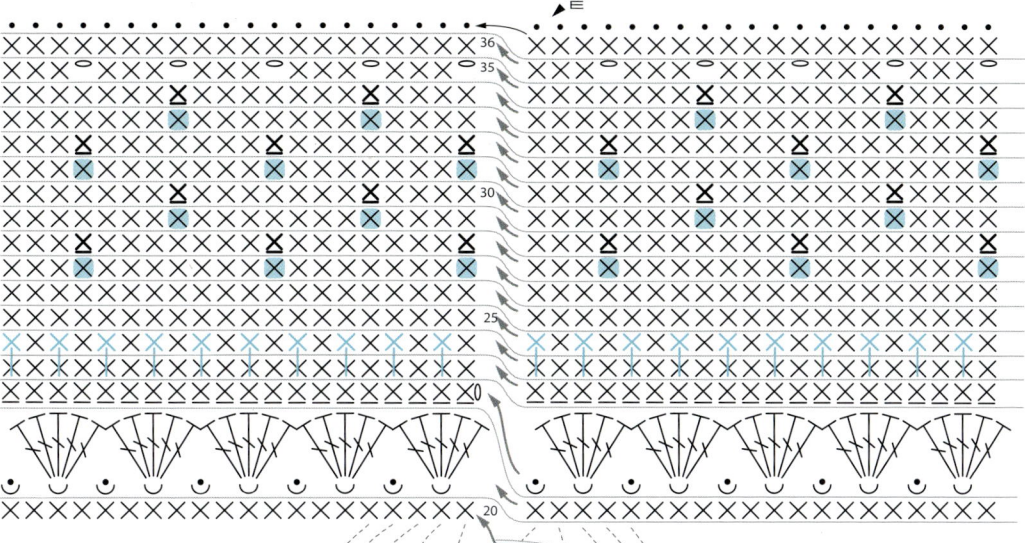

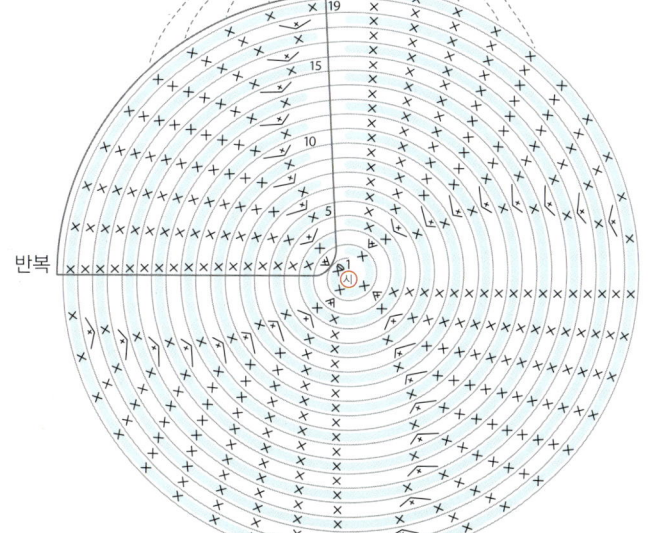

●	빼뜨기
○	사슬뜨기
×	짧은뜨기
⊠	짧은 이랑뜨기
⋎	짧은뜨기 2코 넣어뜨기
⌣	앞반코에 빼뜨기
(fan)	앞반코에 한길긴뜨기 5코 넣어뜨기
▷	시작
▶	끝

● 수박 파우치(콘)

단	코	단	코	단	코
1단	4코	8단	20코(4코 증가)	15단	32코
2단	8코(4코 증가)	9단	20코	16단	36코(4코 증가)
3단	8코	10단	24코(4코 증가)	17단	36코
4단	12코(4코 증가)	11단	24코	18단	40코(4코 증가)
5단	12코	12단	28코(4코 증가)	19단	40코
6단	16코(4코 증가)	13단	28코		
7단	16코	14단	32코(4코 증가)		

● 만들기 과정

1 A색상으로 콘을 뜹니다. 총 40코인지 확인합니다.

2 B색상으로 바꿔 짧은뜨기 20단을 뜹니다.

3 21단 아랫단 코의 머리(V모양) 앞반코에 바늘을 넣어 무늬대로 뜹니다.

4   **22단** 사슬뜨기 1코를 뜨고 아랫단 코의 머리(V모양) 뒤반코에 바늘을 넣어 한 단을 짧은 이랑뜨기로 뜹니다. 총 40코인지 확인합니다.

5   **23단** 짧은뜨기로 한 단을 뜹니다.

6   **24단** C색상으로 바꿔 짧은뜨기로 한 단을 뜹니다.

7 `25단` 아랫단 코의 머리(V모양) 앞반코에 바늘을 넣어 무늬대로 뜹니다.

8 `26단` 사슬뜨기 1코를 뜨고 아랫단 코의 머리(V모양) 뒤반코에 바늘을 넣어 짧은 이랑뜨기로 한 단을 뜹니다. 총 40코인지 확인합니다.

9 `27단` 짧은뜨기로 한 단을 뜹니다.

10 28단 배색하면서 뜹니다.

11 `29단` 아랫단 배색한 코의 머리(V모양) 뒤반코에 바늘을 넣어 짧은 이랑뜨기로 뜨고, 나머지 코는 짧은뜨기로 뜹니다. 위와 같은 방법으로 35단까지 뜹니다.

12 `36단` 조리개의 끈을 넣을 구멍을 만듭니다.

13 37단 짧은뜨기로 뜨는데 아랫단 코의 사슬은 사슬고리에 바늘을 넣어 짧은뜨기로 뜹니다.

POINT 아랫단 사슬에 코를 뜰 때는 사슬고리 아래에 바늘을 넣어 감싸듯이 뜹니다.

14 빼뜨기로 1단을 뜹니다.

15 돗바늘로 마무리합니다.

16 중심을 잡아 조리개 끈과 스토퍼를 끼워줍니다.

17 아이스크림 파우치가 완성되었습니다.

리본 클러치

차분한 컬러의 입체적인 리본이 포인트인 세련된 클러치예요.
핸드메이드 감성을 갖고 있으면서도 리본 안쪽으론
손을 가볍게 넣어 들 수 있어 실용성이 가득하답니다.

● **준비물**

실 종류 코튼필드(면100%) 1볼(80g) **실 색상** 민트(200g) **바늘** 모사용 코바늘 5호
부자재 지퍼 25cm

● **게이지**

24코 28단

● **완성 사이즈**

둘레 46cm, 높이 15cm

● **사용한 뜨개법**

사슬뜨기, 빼뜨기, 짧은뜨기, 짧은 이랑뜨기, 되돌아 짧은뜨기

● **만드는 방법**

1. 클러치는 시작코 사슬뜨기 53코를 만들어 시작합니다. 도안대로 1단을 뜨고 뜨개바탕을 뒤로 돌려 2단을 뜹니다. 평면뜨기(왕복뜨기)로 바닥 1단과 옆면 40단을 뜨고, 되돌아 짧은뜨기 1단을 떠서 마무리합니다.
   POINT 첫코와 마지막코에 스티치마커를 걸어 표시해주면 뜨기 쉽습니다.

2. 리본은 시작코 사슬뜨기 120코를 만들어 시작합니다. 원통으로 연결하고 평면뜨기(왕복뜨기)로 33단을 뜹니다. 1단은 짧은뜨기로 뜨고, 2~33단까지는 짧은 이랑뜨기를 뜹니다.
   POINT 짧은 이랑뜨기는 겉(앞)과 안(뒤) 모두 뒤반코에 바늘을 넣어 뜹니다.

3. 리본 밴드는 시작코 사슬뜨기 10코를 만들어 시작합니다. 평면뜨기(왕복뜨기)로 1~19단을 뜹니다. 리본 중심에 둥글게 말아 돗바늘로 감침질을 합니다. 다른 쪽도 같은 방법으로 감침질을 합니다.

4. 실을 숨기고 스팀다리미로 뜨개바탕을 정리합니다.

5. 클러치에 지퍼를 달아줍니다.

6. 리본을 클러치에 끼워 양쪽 끝 부분을 바느질합니다.
   POINT 바느질을 하지 않아도 흘러내리지 않습니다.

● 클러치 도안

- • 빼뜨기
- ◦ 사슬뜨기
- × 짧은뜨기
- ⊗ 되돌아 짧은뜨기
- ⋈ 짧은 이랑뜨기
- ⋎ 짧은뜨기 2코 넣어뜨기
- ⋏ 겹짧은뜨기

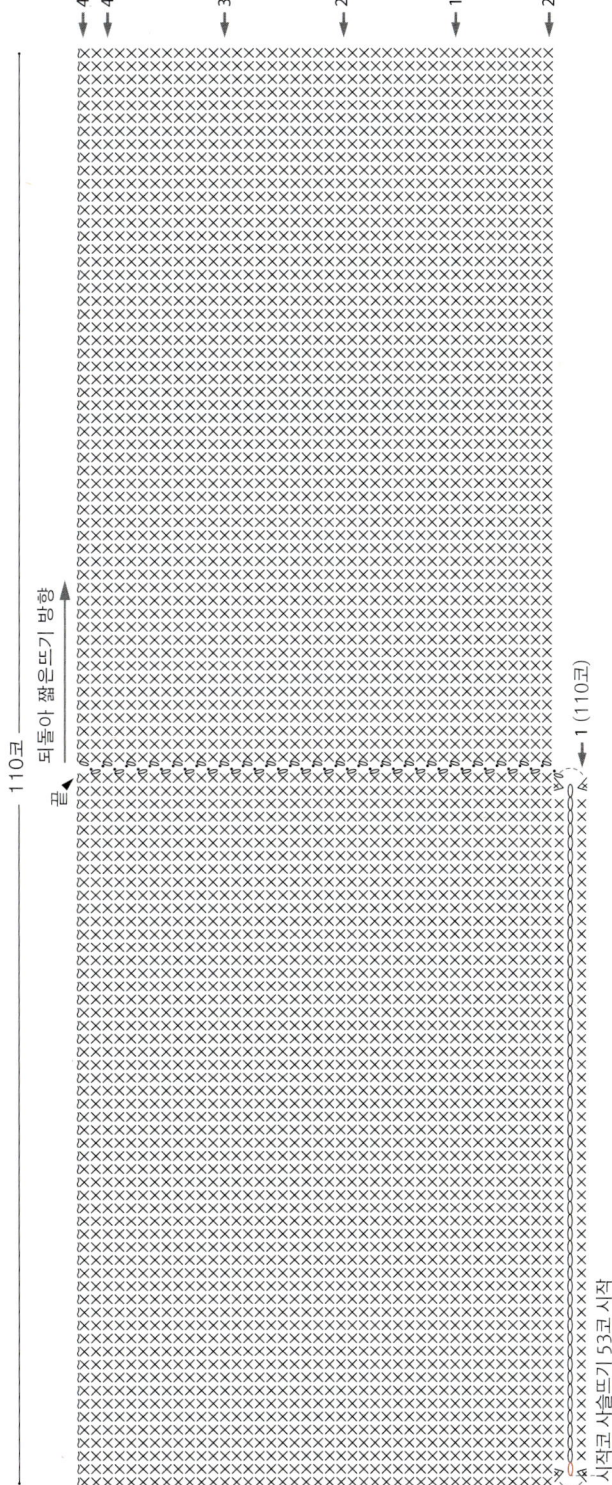

Check point 1

- 짧은뜨기의 기둥코(사슬 1코)는 1코로 세지 않습니다.
- 짧은뜨기의 첫코는 첫 번째 짧은뜨기입니다.
- 빼뜨기는 첫 번째 짧은뜨기 코의 머리(V모양) 2가닥에 바늘을 넣어 뜹니다.

Check point 2

- 리본을 원통으로 뜰 때 시작코를 만들어 꼬이지 않게 첫 번째 코산에 빼뜨기로 연결합니다.

● 리본·리본 밴드 도안

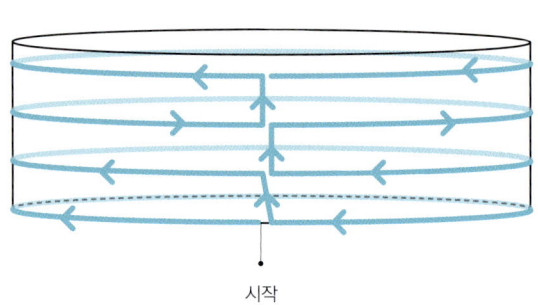

시작

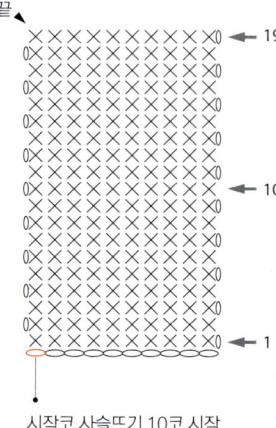

시작코 사슬뜨기 10코 시작

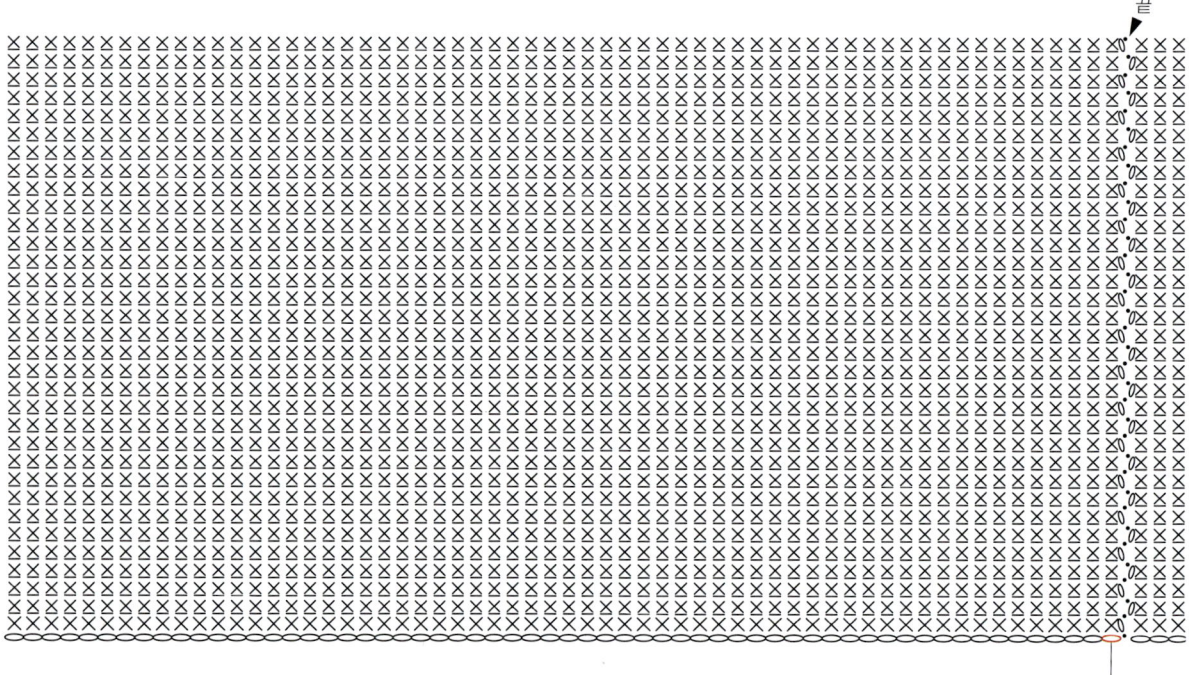

시작코
사슬뜨기
120코 시작

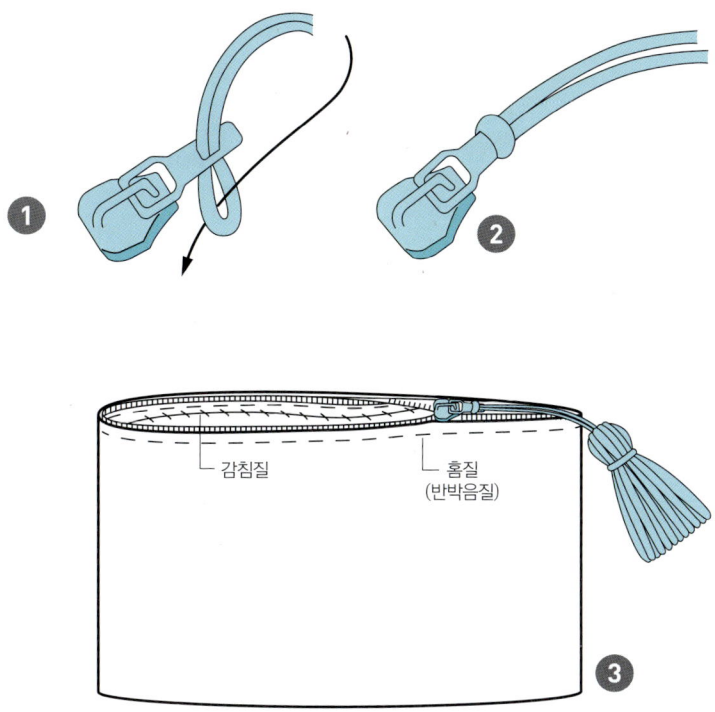
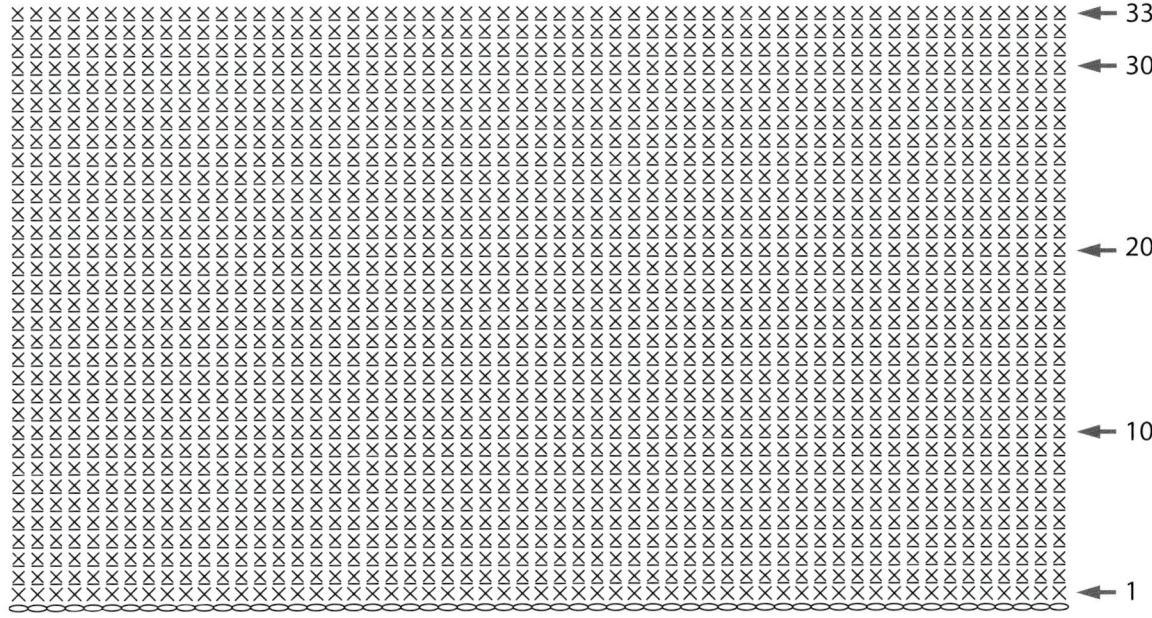

● 만들기 과정

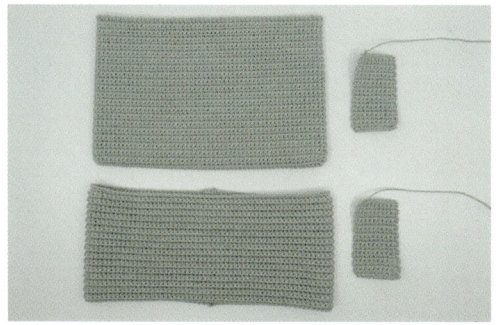

1   클러치, 리본, 리본 밴드 2개를 준비합니다.

2   리본에 밴드를 감침질을 합니다.

3   리본을 클러치에 끼워 양쪽 끝 부분을 바느질합니다.
    POINT 바느질을 하지 않아도 흘러내리지 않습니다.

● 사슬뜨기로 원형코 만드는 방법

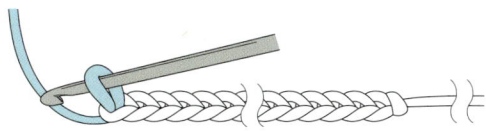

1   시작코로 사슬을 만들어 줍니다.

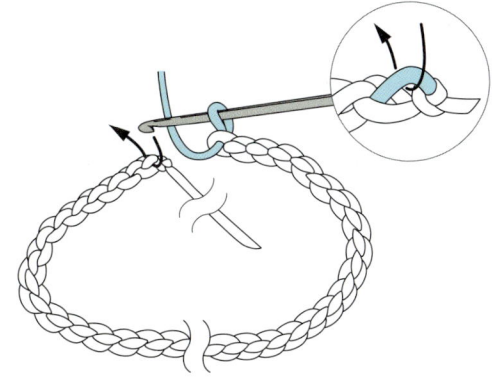

2   시작코를 꼬이지 않게 둥글게 말아 코산에 바늘을 넣고

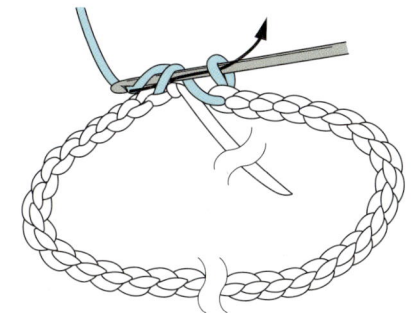

3   실을 걸어 화살표 방향으로 한번에 빼냅니다.

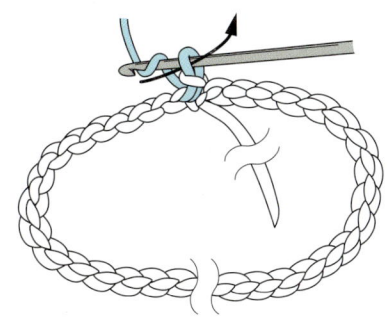

4   사슬뜨기 1코를 뜨고,

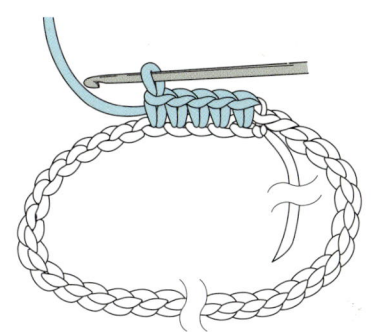

5   짧은뜨기를 뜹니다.

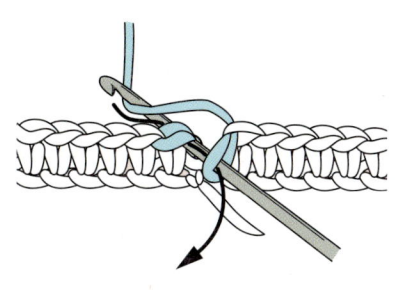

6   첫 번째 코에 빼뜨기를 합니다.

라피아 빅백

넓은 챙의 모자와 선드레스에 어울리는 네추럴한 베이지 톤의 빅백이에요.
두 겹으로 작업해서 뜨개바탕이 단단하고 빨리 뜰 수 있다는 장점이 있어요.

● **준비물**

실 종류 에코안다리아(viscose100%) 1볼(40g) **실 색상** 베이지(440g) **바늘** 모사용 코바늘 7호, 8호

● **게이지**

15코 16단(가방 바닥, 모사용 코바늘 7호), 14코 16단(가방 옆면, 모사용 코바늘 8호)

● **완성 사이즈**

둘레 104cm, 높이 34cm

● **사용한 뜨개법**

사슬뜨기, 빼뜨기, 짧은뜨기, 짧은뜨기 2코 넣어뜨기

● **만드는 방법**

1. 실 2겹과 모사용 코바늘 7호를 준비합니다. 시작코로 사슬뜨기 20코를 만들어 가방 바닥을 뜨기 시작합니다. 도안대로 1~51단까지 평면뜨기(왕복뜨기)로 뜹니다.
2. 가방 옆면은 모사용 코바늘 8호로 바꿔 가방 바닥 가장자리에서 총 142코를 주워 뜹니다.
3. 2단에서 4코 늘려 총 146코를 만들어 41단까지 원통으로 뜹니다.
4. 42~49단까지 양쪽을 각각 평면뜨기(왕복뜨기)로 뜹니다.
5. 50~53단까지 원통으로 평면뜨기(왕복뜨기)를 뜹니다.
6. 빼뜨기로 1단을 뜹니다.
7. 양쪽 손잡이 가장자리도 빼뜨기로 1단을 뜹니다.
8. 실을 숨기고, 스팀다리미로 뜨개바탕을 정리합니다.

● **가방 바닥에서 코주워 짧은뜨기로 뜨기**

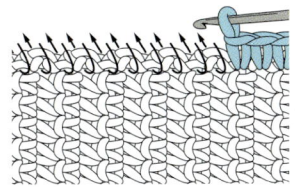

● 도안

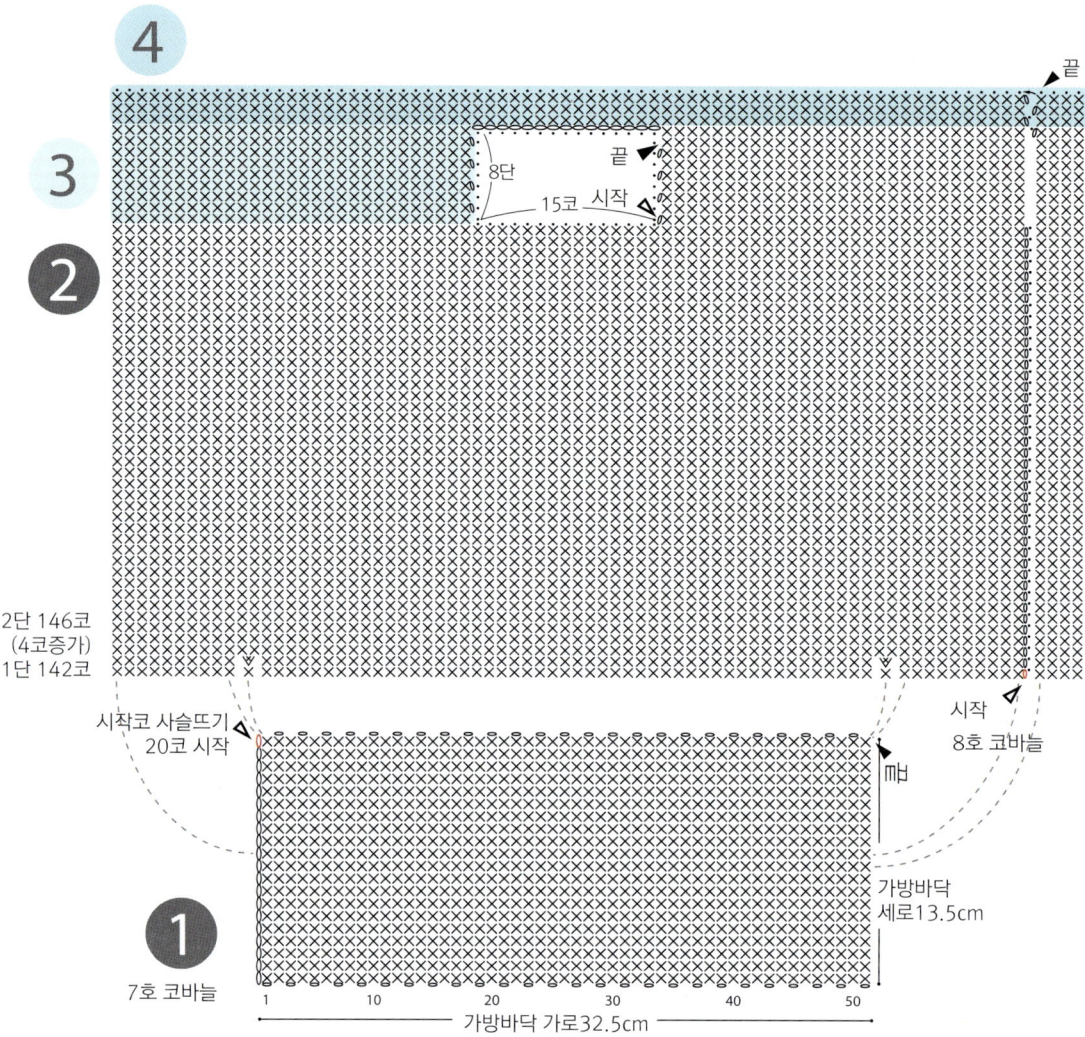

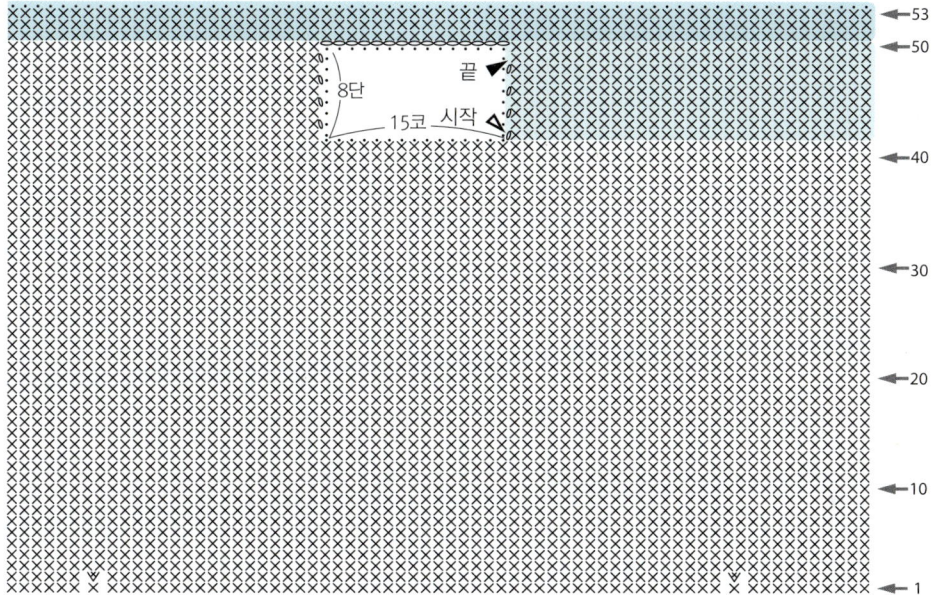

- 빼뜨기
- 사슬뜨기
- 짧은뜨기
- 짧은뜨기 2코 넣어뜨기
- 시작
- 끝

코나 쿠션

폭신폭신한 뜨개실로 뜬 코나 쿠션이에요.
여러 가지 색깔의 사각형 모티브를 연결해서 만들었어요.
방석솜을 넣어주면 방석으로도 사용이 가능하고, 모던한 가구와도 잘 어울린답니다.

● **준비물**

실 종류 코나(아크릴 45%, 면37%, 나일론18%) 1볼(65g) **실 색상** 화이트(260g), 데님(60g), 스카이블루(60g), 브라운(60g), 민트(80g) **바늘** 모사용 코바늘 8호 **부자재** 단추(2cm) 4개, 쿠션솜 40*40

● **모티브 크기**

가로 8.5cm, 세로 8.5cm

● **완성 사이즈**

가로 44cm, 세로 44cm

● **사용한 뜨개법**

사슬뜨기, 빼뜨기, 짧은뜨기, 짧은 이랑뜨기, 한길긴뜨기, 사슬 3코 피코 빼뜨기

● **만드는 방법**

1. 손가락 원형코를 만들어 시작합니다. 사각형 모티브 50장을 배색대로 뜹니다. A색 24장, B색상 6장, C색상 6장, D색상 6장, E색상 8장을 뜹니다.
2. 모티브를 도안대로 25장씩 배열하고 돗바늘로 반코씩 감아 연결합니다 (p.100~101 참고).
3. 짧은 이랑뜨기로 테두리 1단을 뜹니다.
4. 겉면과 안면을 안쪽끼리 맞대어 도안대로 짧은뜨기로 뜨면서 연결합니다.
5. 실을 숨기고, 스팀다리미로 뜨개바탕을 정리합니다.
6. 단추를 바느질합니다.
7. 쿠션솜을 넣어줍니다.

● 모티브 도안

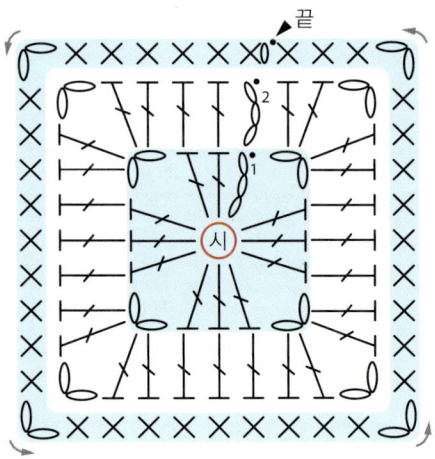

- • 빼뜨기
- ◦ 사슬뜨기
- × 짧은뜨기
- ╪ 한길긴뜨기
- ▶ 끝

Check point 1
- 한길긴뜨기의 기둥코(사슬 3코)는 1코로 셉니다.
- 한길긴뜨기의 첫코는 기둥코(사슬 3코)입니다.
- 빼뜨기는 기둥코의 세 번째 사슬반코와 코산 2가닥에 바늘을 넣어 뜹니다.

Check point 2
- 짧은뜨기의 기둥코(사슬 1코)는 1코로 세지 않습니다.
- 짧은뜨기의 첫코는 첫 번째 짧은뜨기입니다.
- 빼뜨기는 첫 번째 짧은뜨기 코의 머리V모양 2가닥에 바늘을 넣어 뜹니다.

Check point 3
- 아랫단 사슬에 코를 뜰 때는 사슬고리 아래에 바늘을 넣어 감싸듯이 뜹니다.

	배색
A	화이트
B	데님
C	스카이블루
D	브라운
E	민트

● 전체 도안

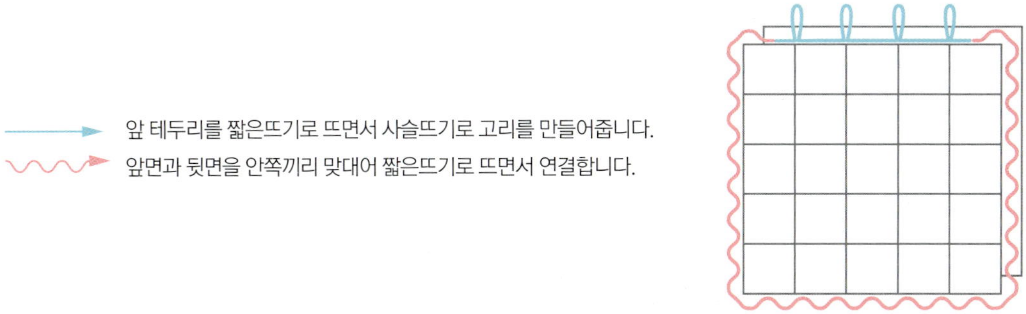

→ 앞 테두리를 짧은뜨기로 뜨면서 사슬뜨기로 고리를 만들어줍니다.
⌇→ 앞면과 뒷면을 안쪽끼리 맞대어 짧은뜨기로 뜨면서 연결합니다.

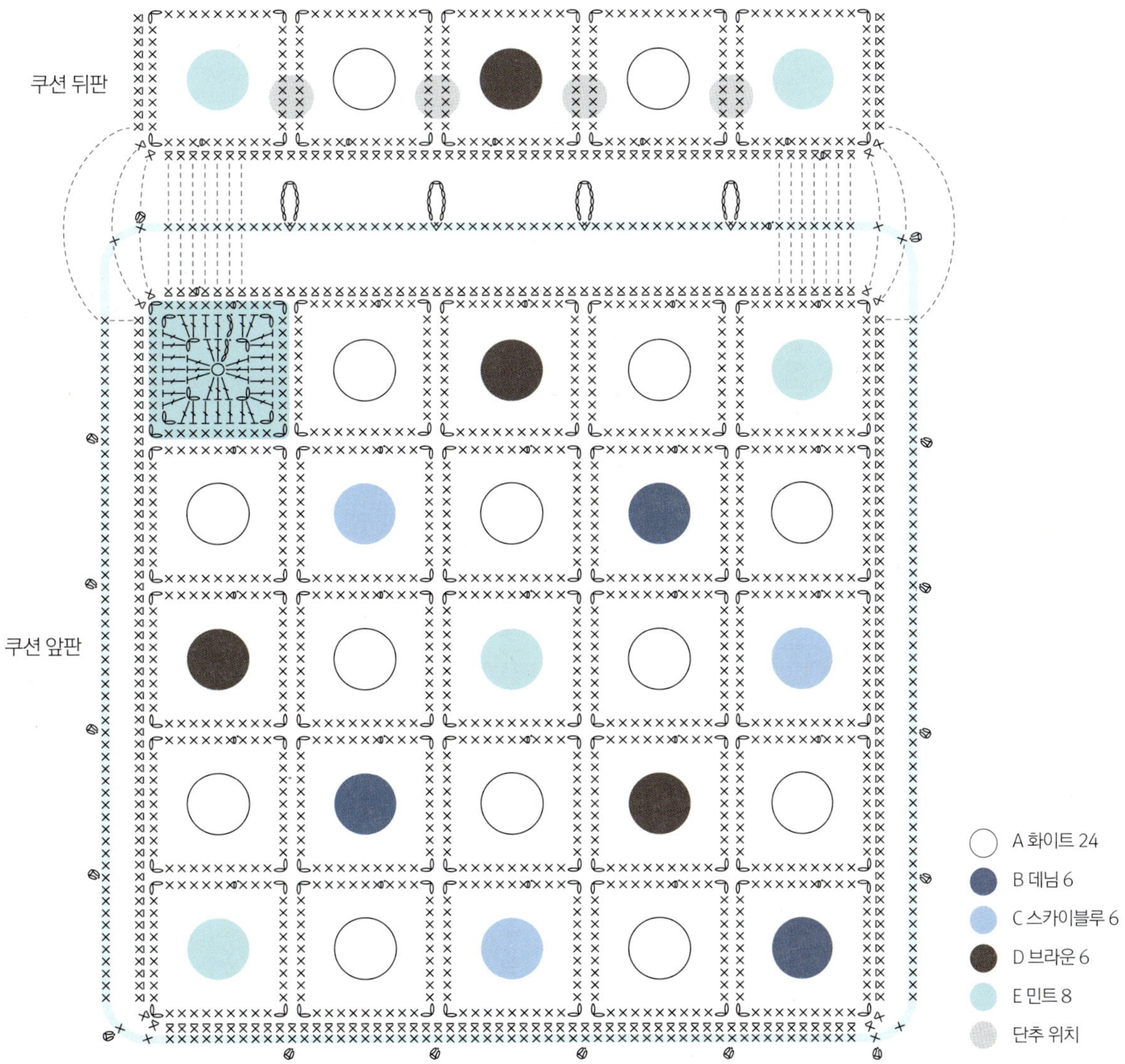

쿠션 뒤판

쿠션 앞판

○ A 화이트 24
● B 데님 6
● C 스카이블루 6
● D 브라운 6
● E 민트 8
○ 단추 위치

다이아몬드 블랭킷

다이아몬드 모티브를 하나하나 연결해서 만든 블랭킷이에요.
5가지 색상을 물결무늬로 매칭했어요. 매칭만 달리 해도 다른 느낌의 블랭킷이 완성된답니다.
색상 선택이 어려울 경우에는 같은 계열, 같은 톤으로 매칭해도 좋아요.

● 준비물

실 종류 엘라래(울100%) 1볼(100g) **실 색상** 네이비(400g), 실버(200g), 차콜(200g), 페일스카이(100g), 데님(100g), 라이트데님(100g), 연그레이(200g)
바늘 모사용 코바늘 7호

● 완성 사이즈

가로 94cm, 세로 90cm

● 사용한 뜨개법

사슬뜨기, 빼뜨기, 짧은뜨기, 짧은뜨기 2코 넣어뜨기, 짧은뜨기 3코 넣어뜨기, 한길긴뜨기, 한길긴뜨기 2코 넣어뜨기, 한길긴뜨기 2코 모아뜨기

● 만드는 방법

1. 다이아몬드 모티브 A 45장, B 14장, C 8장를 배색대로 뜹니다.
2. 모티브를 도안대로 배치한 뒤, 짧은뜨기를 뜨면서 빼뜨기로 연결합니다.
3. 테두리를 뜹니다. 1~5단 연그레이, 6단 네이비, 7단 연그레이, 8~14단 네이비로 뜹니다.
4. 실을 숨기고, 스팀다리미로 뜨개바탕을 정리합니다.

● 도안

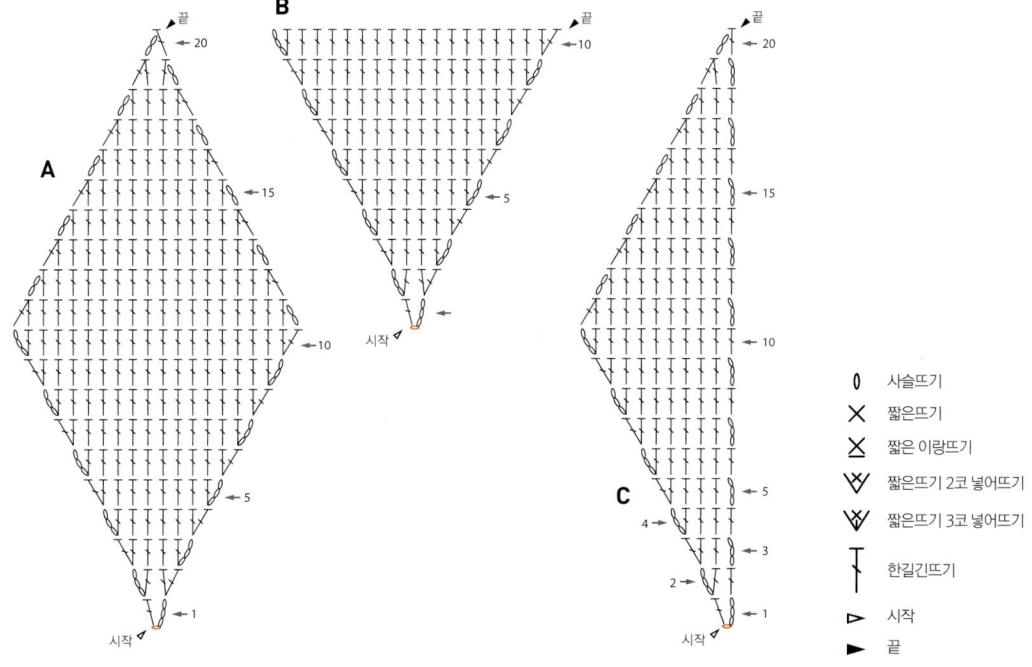

● 다이아몬드 모티브 A(45장)

다이아몬드 모티브 A 배색		단	코	단	코
실버	9장	1단	2코	11단	18코(2코 감소)
네이비	8장	2단	4코(2코 증가)	12단	16코(2코 감소)
차콜	8장	3단	6코(2코 증가)	13단	14코(2코 감소)
페일스카이	6장	4단	8코(2코 증가)	14단	12코(2코 감소)
데님	8장	5단	10코(2코 증가)	15단	10코(2코 감소)
라이트데님	6장	6단	12코(2코 증가)	16단	8코(2코 감소)
		7단	14코(2코 증가)	17단	6코(2코 감소)
		8단	16코(2코 증가)	18단	4코(2코 감소)
		9단	18코(2코 증가)	19단	2코(2코 감소)
		10단	20코(2코 증가)	20단	1코(1코 감소)

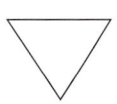

● 다이아몬드 모티브 B(14장)

다이아몬드 모티브 B 배색		단	코	단	코
실버	6장	1단	2코	6단	12코(2코 증가)
페일스카이	4장	2단	4코(2코 증가)	7단	14코(2코 증가)
라이트데님	4장	3단	6코(2코 증가)	8단	16코(2코 증가)
		4단	8코(2코 증가)	9단	18코(2코 증가)
		5단	10코(2코 증가)	10단	20코(2코 증가)

● 다이아몬드 모티브 C(8장)

다이아몬드 모티브 C 배색		단	코	단	코
네이비	4장	1단	2코	11단	10코(1코 증가)
차콜	4장	2단	3코(1코 증가)	12단	9코(1코 감소)
		3단	4코(1코 증가)	13단	8코(1코 감소)
		4단	5코(1코 증가)	14단	7코(1코 감소)
		5단	6코(1코 증가)	15단	6코(1코 감소)
		6단	7코(1코 증가)	16단	5코(1코 감소)
		7단	8코(1코 증가)	17단	4코(1코 감소)
		8단	9코(1코 증가)	18단	3코(1코 감소)
		9단	10코(1코 증가)	19단	2코(1코 감소)
		10단	11코(1코 증가)	20단	1코(1코 감소)

● **배색**

페일스카이 6　데님 8　네이비 8　네이비 4　실버 6
차콜 8　실버 9　라이트데님 6　차콜 4　페일스카이 4　라이트데님 4

● 블랭킷 도안(모서리 중심)

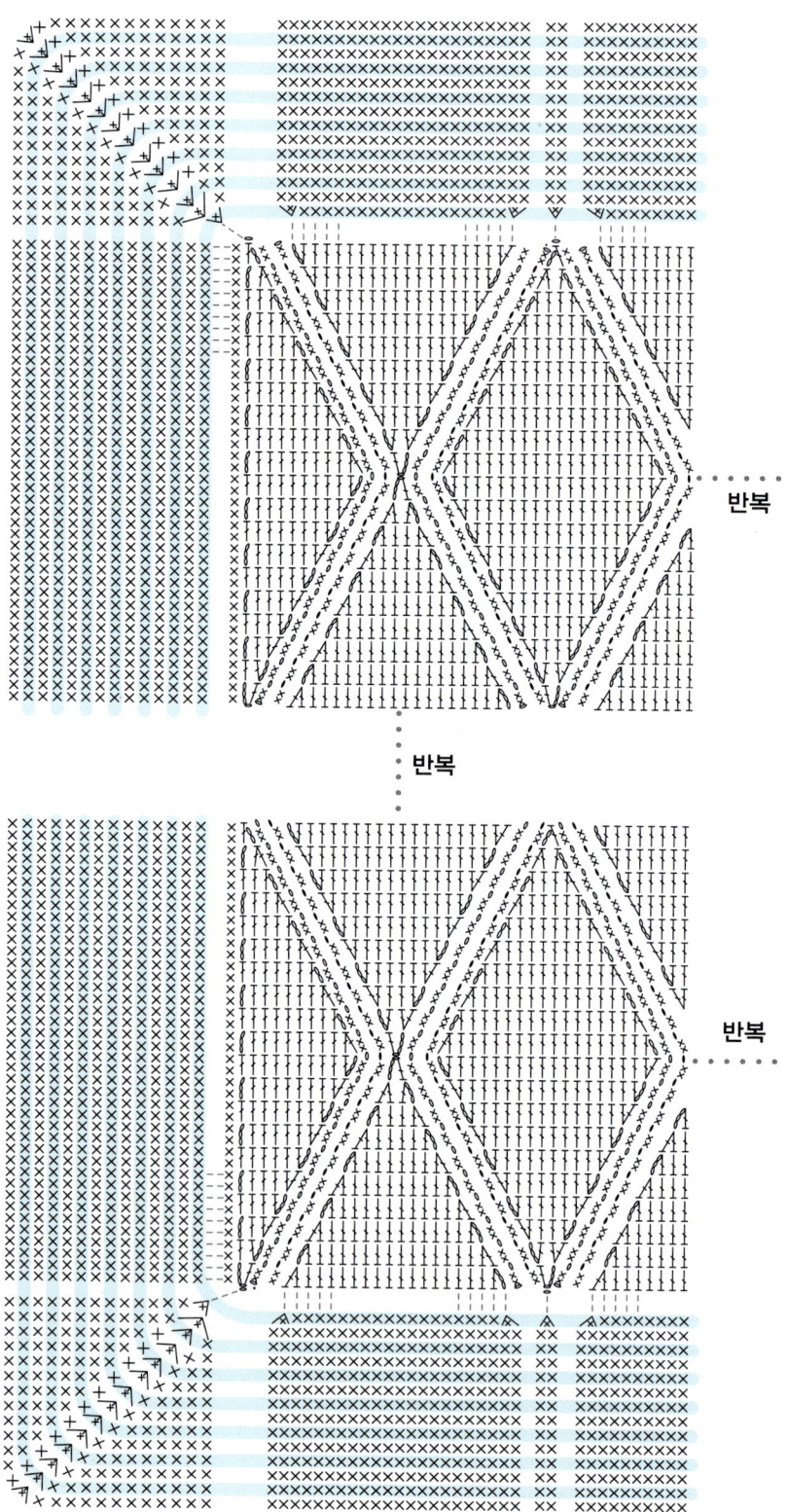

반복

반복

반복

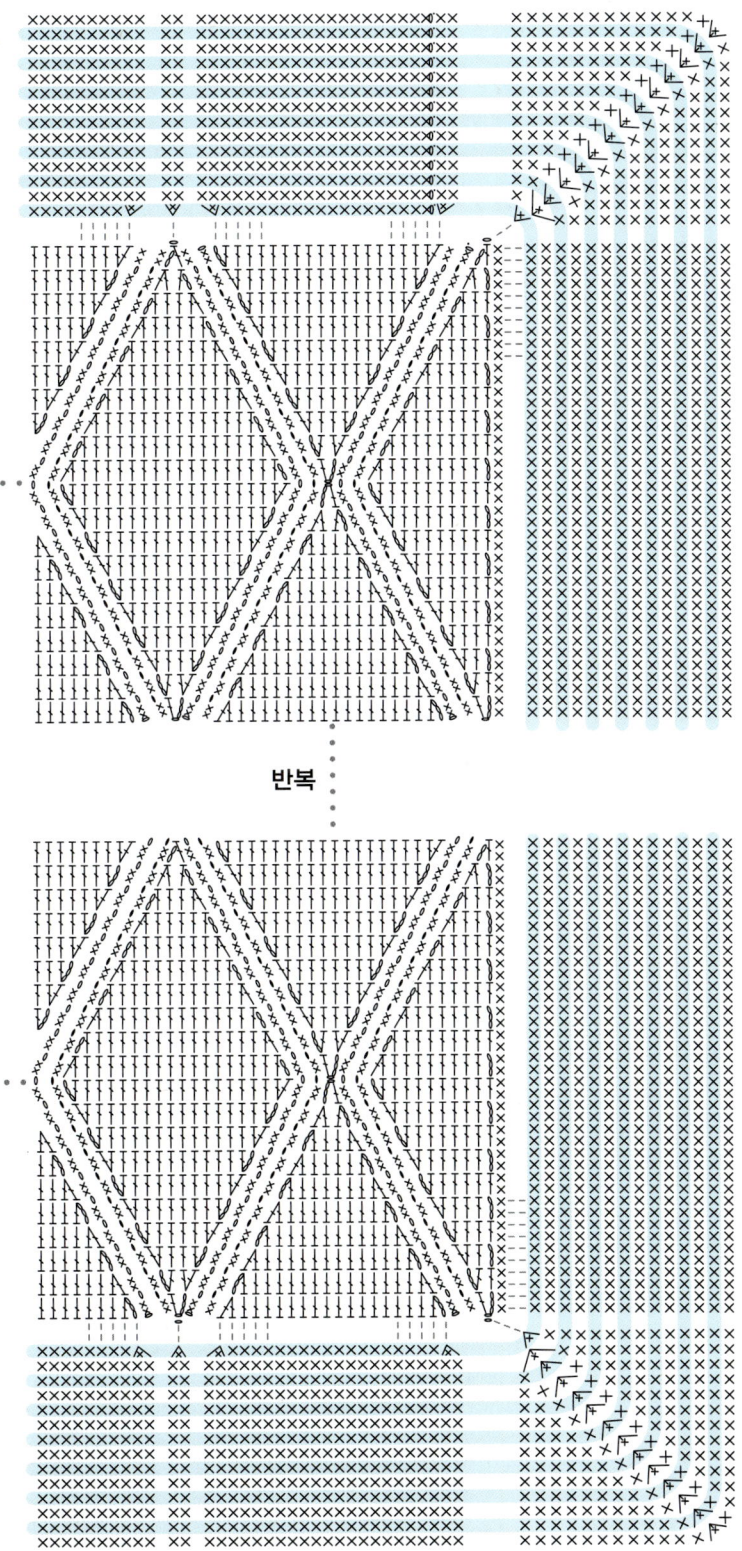

반복

● 블랭킷 연결 순서와 방법

→ 테두리를 사슬뜨기와 짧은뜨기로 뜹니다.
→ 옆의 모티브와 연결하면서 가장자리를 빼뜨기와 짧은뜨기로 뜹니다.

Check point 1
- 위와 같은 방법으로 다이아몬드 블랭킷 모티브 총 67장을 연결합니다.

● 다이아몬드 모티브의 가장자리를 뜨면서 빼뜨기로 연결하는 방법

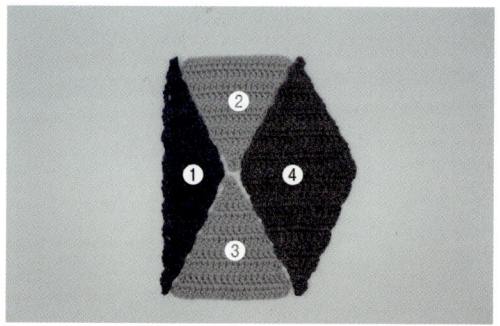

1 4장의 모티브를 준비합니다.

2 1번 모티브의 가장자리를 뜹니다. 가장자리 코에 바늘을 넣어 감싸듯이 뜹니다.

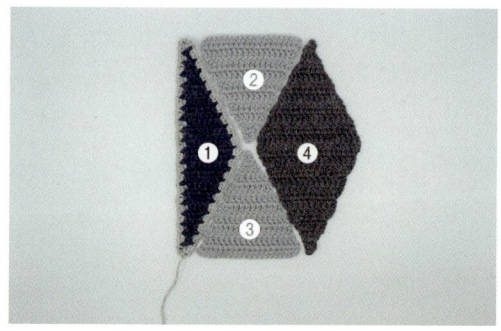

3 1번 모티브의 가장자리가 떠졌고, 다음 2번 3번 순으로 모티브를 연결해줍니다.

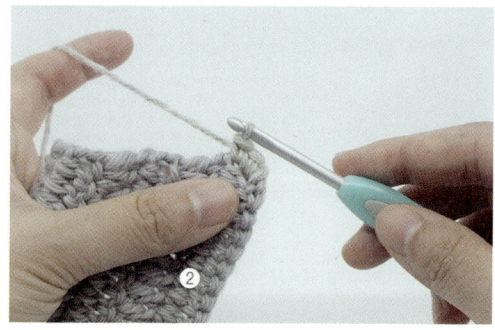

4 2번 모티브의 가장자리에 사슬뜨기 1코와 짧은뜨기 2코를 뜹니다.

5 1번 모티브 사슬코에 위에서 아래로 바늘을 넣어

6 빼뜨기로 연결합니다. 계속해서 같은 방법으로 2번 모티브를 연결합니다.

7 2번 모티브가 연결되었습니다.

8 3번 모티브도 같은 방법으로 연결합니다.

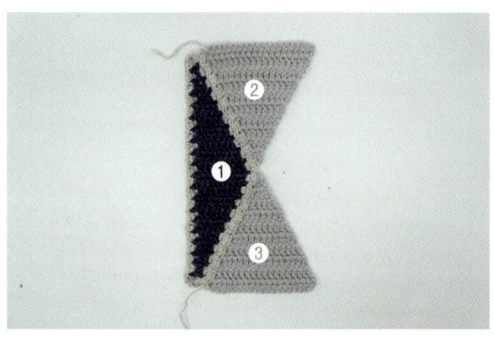

9 3번 모티브도 연결되었습니다.

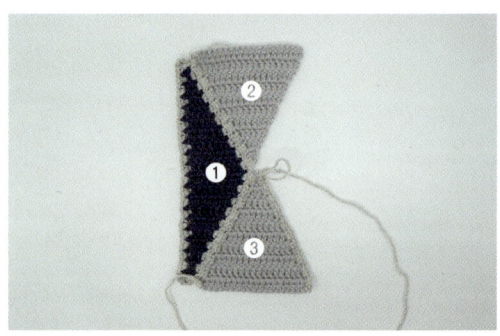

10 3번 모티브의 가장자리를 뜹니다.

11 3번 모티브와 2번 모티브 사이의 중심 빼뜨기는 1번 모티브 사슬코에 바늘을 넣어 빼뜨기합니다.

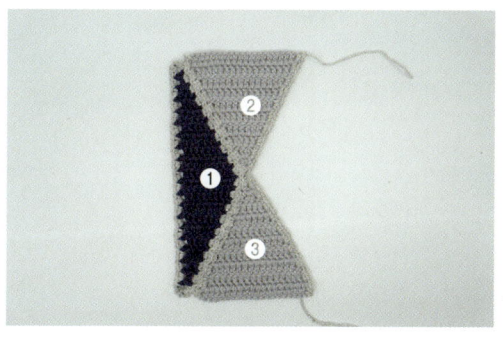

12 2번과 3번 모티브가 연결되었고, 다음 2번과 3번 모티브 가장자리를 뜹니다.

13 4번 모티브도 같은 방법으로 2번과 3번 모티브에 연결합니다.

14 4번 모티브도 연결되고, 가장자리를 뜹니다. 이와 같은 방법으로 67장의 모티브를 연결해줍니다.

블루체크의
코바늘 손뜨개 수업

1판 1쇄 발행 2019년 3월 28일
1판 5쇄 발행 2021년 12월 30일

지은이 송희정
일러스트 박강혜(사탕가루)
사진 홍지은

발행인 양원석
편집장 차선화
디자인 designgroup ALL
영업마케팅 윤우성, 박소정, 강효경
펴낸 곳 ㈜알에이치코리아
주소 서울시 금천구 가산디지털2로 53, 20층(가산동, 한라시그마밸리)

편집문의 02-6443-8861 **도서문의** 02-6443-8800
홈페이지 http://rhk.co.kr
등록 2004년 1월 15일 제2-3726호
ISBN 978-89-255-6595-8 (13630)

※ 이 책은 ㈜알에이치코리아가 저작권자와의 계약에 따라 발행한 것이므로
   본사의 서면 허락 없이는 어떠한 형태나 수단으로도 이 책의 내용을 이용하지 못합니다.
※ 잘못된 책은 구입하신 서점에서 바꾸어 드립니다.
※ 책값은 뒤표지에 있습니다.